TRAITÉ

DES

PRINCIPES THÉORIQUES QUI RÉGISSENT LA MUSIQUE

OU

INTRODUCTION A L'ÉTUDE DU SOLFÉGE

OUVRAGE COMPOSÉ ET DÉDIÉ A

M. F. FÉTIS

MAÎTRE DE CHAPELLE DE S. M. LE ROI DES BELGES ET DIRECTEUR DU CONSERVATOIRE
DE MUSIQUE DE BRUXELLES
CHEVALIER DES ORDRES DE LÉOPOLD ET DE LA LÉGION D'HONNEUR

PAR

A. LAIR DE BEAUVAIS

MEMBRE DE L'ACADÉMIE PONTIFICALE DE SAINTE-CÉCILE DE ROME, ET DE L'ACADÉMIE
DES BEAUX-ARTS DE FLORENCE

Prix : 4 francs (net).

A PARIS   A BREST
Chez E. DENTU, Libraire,   CHEZ L'AUTEUR,
(PALAIS-ROYAL.)   90 RUE DE SIAM PROLONGÉE.

1862.

TRAITÉ

DES

PRINCIPES THÉORIQUES QUI RÉGISSENT LA MUSIQUE.

TRAITÉ

DES

PRINCIPES THÉORIQUES QUI RÉGISSENT LA MUSIQUE

OU

INTRODUCTION A L'ÉTUDE DU SOLFÉGE

OUVRAGE COMPOSÉ ET DÉDIÉ A

M. F. FÉTIS

MAITRE DE CHAPELLE DE S. M. LE ROI DES BELGES ET DIRECTEUR DU CONSERVATOIRE
DE MUSIQUE DE BRUXELLES
CHEVALIER DES ORDRES DE LÉOPOLD ET DE LA LÉGION-D'HONNEUR

PAR

A. LAIR DE BEAUVAIS

MEMBRE DE L'ACADÉMIE PONTIFICALE DE SAINTE-CÉCILE DE ROME, ET DE L'ACADÉMIE
DES BEAUX-ARTS DE FLORENCE.

Prix : 4 francs (net).

<table>
<tr><td>A PARIS
Chez E. DENTU, Libraire,
(PALAIS-ROYAL.)</td><td>A BREST
CHEZ L'AUTEUR,
90, RUE DE SIAM PROLONGÉE.</td></tr>
</table>

1862

CHAPITRE PREMIER.

—◆◇◆—

D. Qu'est-ce que la musique?

R. C'est un enchaînement de sons de différentes durées, plus ou moins élevés et plus ou moins forts, dont la perception a pour but de plaire et d'émouvoir.

Par le mot son, on entend tout ce qui vient généralement frapper notre oreille; il est toutefois facile de distinguer le son *musical* ou *relatif*, toujours précis et nettement articulé, du son *absolu*, qui n'est autre chose qu'un bruit vague et indéterminé.

Un objet principal à considérer dans le son musical est le *timbre*, c'est-à-dire sa qualité de sonorité, qui peut se traduire de l'aigre au doux, du sourd à l'éclatant, et réciproquement.

Le son résulte des vibrations d'un corps communiquées au fluide environnant et transmises de proche en proche jusqu'à

1

l'oreille. Ces vibrations des corps qui résonnent font naître dans l'air propagateur des *ondes sonores* analogues à celles que produit dans l'eau la pierre qu'on y jette.

La combinaison des sons musicaux entendus isolément prend le nom de *mélodie;* la réunion de plusieurs sons musicaux classés dans un ordre régi par certaines règles forme un *accord;* la science des accords constitue le domaine de l'*harmonie.*

Tout accord doit être composé d'au moins trois sons.

D. Comment désigne-t-on la différence d'élévation ou d'abaissement des sons musicaux ?

R. On qualifie d'*aigus* les sons élevés, de *graves* les sons bas, on nomme sons du *médium* ceux qui se trouvent entre les aigus et les graves.

D. Comment se produit le son musical ?

R. Par l'organe de la voix et par les corps artificiels appelés instruments; de là deux grandes divisions : la *musique vocale,* ou *chant,* et la *musique instrumentale.*

Il y a six espèces de voix dans le chant, savoir : quatre voix principales et deux voix intermédiaires, dont trois appartiennent aux femmes et trois aux hommes. La voix aiguë de la femme s'appelle *soprano* ou premier dessus; sa voix intermédiaire *mezzo-soprano* ou deuxième dessus, et sa voix grave *contralto.*

Les divisions correspondantes chez l'homme, prennent le nom de *ténor* ou taille, *baryton* et *basse.*

On désignait autrefois sous le nom de *haute-contre* un genre de voix *sur-aiguë* appartenant à l'homme : ce genre de voix a complètement disparu aujourd'hui.

Les voix d'enfant jusqu'à l'âge de la *mue* sont rangées dans la catégorie des voix de femme.

Une réunion de plusieurs voix chantant ensemble la partie affectée au genre de division qui leur est propre s'appelle *chœur.*

D. En quoi consiste la voix?

R. Dans une série de sons dus aux vibrations que l'air éprouve lorsque, chassé par les puissances expiratrices, il traverse la cavité laryngienne.

Quant à la production du son musical, on considère généralement le larynx comme un instrument vital dont les conditions vibratiles sont dues à la contraction musculaire.

(Il résulte de l'expérience : 1° que, dans la voix grave, l'air passant par toute l'étendue de la glotte fait vibrer les ligaments thyro-aryténoïdiens dans toute leur longueur; 2° que, dans les sons plus aigus, le fluide élastique s'échappe seulement par la partie postérieure de l'ouverture glottique et que les rubans vocaux cessent entièrement d'être le siége d'oscillations sonores; 3° que, dans les sons plus élevés, la glotte ne vibre plus que tout-à-fait postérieurement à son extrémité aryténoïdienne.)

D. Comment divise-t-on les instruments?

R. En trois classes : les instruments à cordes, tels que violon, violoncelle, piano, etc.; les instruments à vent (flûte, hautbois, clarinette, orgue, etc.), et les instruments à percussion (tambour, triangle, timballes, etc.).

(Parmi les instruments à cordes, on distingue trois familles : la première comprend celle des instruments à *archet;* la seconde, celle des instruments à *cordes pincées,* et la troisième, celle des instruments à *clavier.*

Sur le violon et instruments de même nature, le son est produit par le frottement de la corde sous l'action de l'archet; sur la harpe et la guitare, par le pincement de la corde, et sur le piano, par la corde frappée au moyen d'un marteau correspondant à une touche mise en mouvement par l'exécutant.

Les instruments à vent peuvent être rangés également en trois catégories : dans la première, figurent ceux dont le son est produit par l'insufflation de l'air dans un tube à ouverture directe ou transversale, comme la flûte, le flageolet; la seconde, contient les instruments à *anche*, tels que le hautbois, la clarinette, le basson. (Une anche est formée d'une ou deux languettes de roseau sur lesquelles la pression des lèvres agit pour modifier le son.) Enfin, la troisième catégorie renferme les instruments à *bocal*, c'est-à-dire ceux dont l'embouchure se place contre les lèvres ou dans la bouche; tels sont le cor, la trompette, le trombonne, l'ophicléide. Quant à l'orgue, qui est en même temps un instrument à vent et à clavier, le son y est produit par la collision de l'air dans des tuyaux qui aboutissent à un *sommier* alimenté par une *soufflerie* distribuant le vent à ces tuyaux, par le moyen d'une soupape qui leur correspond, et en s'ouvrant par la pression des touches du clavier.

Les instruments à percussion, c'est-à-dire ceux dont le son est produit par le choc ou le frottement de deux corps, sont trop nombreux et de nature trop différente, pour qu'il soit possible de les classer d'une manière régulière; la plupart d'entre eux ne devraient même pas, à la rigueur, figurer en musique, puisque le son qu'ils produisent n'est qu'un bruit *absolu*. Les timballes et les timbres sont les seuls, parmi les instruments à percussion, qui puissent reproduire les sons de l'échelle musicale.)

La réunion des instrumentistes assemblés pour l'exécution des morceaux d'ensemble est désignée sous le nom d'*orchestre*. Ce mot sert en même temps pour indiquer le lieu où se tiennent ces mêmes musiciens. Dans la musique instrumentale, comme dans la musique vocale, on emploie le mot italien *solo* pour indiquer une partie confiée à un seul instrument ou à une seule voix; on appelle *duo* une composition musicale exécutée par deux instruments ou deux voix; le *trio* en renferme trois, le *quatuor* quatre, le *quintette* cinq, le *sextuor* six, le *septuor* sept. Ces différentes compositions vocales ou instrumentales peuvent être accompagnées. Le retour vers un ensemble s'indique par le mot *tutti*.

D. Combien y a-t-il de sons musicaux ?

R. Sept principaux ; c'est-à-dire que la voix, en suivant une marche régulière, soit en montant, soit en descendant, émet naturellement sept sons différents avant de répéter le premier pris pour point de départ. Cette succession des sept sons forme, en y ajoutant la répétition du premier, soit à l'aigu, soit au grave, une échelle ascendante et descendante appelée *gamme*.

En même temps que le huitième son sert de complément à la gamme, il peut aussi, à son tour, devenir la base d'une nouvelle série qui, se reproduisant dans le même ordre, au grave ou à l'aigu, autant de fois que l'oreille est susceptible d'en apprécier l'élévation ou l'abaissement, constitue le *clavier général des sons*.

D. Comment désigne-t-on les sept sons musicaux ?

R. Par les monosyllabes Ut ou Do, Ré, Mi, Fa, Sol, La, Si.

Les peuples du Nord se servent dans le même but des lettres de l'alphabet ; ainsi ils emploient C pour Do, D pour Ré, E pour Mi, F pour Fa, G pour Sol, A pour La, B ou H pour Si.

Voici la qualification de chacun des sons musicaux, d'après la position respective qu'il occupe comme échelon de la gamme :

Le premier degré s'appelle *tonique ;* le second, *sus-tonique ;* le troisième, *médiante ;* le quatrième, *sous-dominante ;* le cinquième, *dominante ;* le sixième, *sus-dominante ;* le septième, *sensible*, lorsqu'il a une tendance attractive vers le 8ᵉ degré, et *septième* dans les autres cas, et le huitième, *tonique*.

Deux degrés qui se succèdent sans interruption s'appellent *conjoints ;* ces mêmes degrés prennent le nom de *disjoints* lorsqu'ils sont séparés par un ou plusieurs sons.

D. Comment désigne-t-on en musique l'appréciation de la distance, plus ou moins grande, existant entre un son et un autre son plus aigu ou plus grave ?

R. Par le mot intervalle.

D. Combien y en a-t-il ?

R. Leur nombre est égal à celui des degrés de la gamme ; cependant, comme la gamme a la faculté de se reproduire dans une région plus aiguë ou plus grave, il en résulte qu'il y a aussi des intervalles dépassant l'octave ; il n'y en a pas au-dessous, parce que les intervalles se comptent toujours du grave à l'aigu.

D. Comment divise-t-on les intervalles ?

R. En intervalles simples et en intervalles composés.

Les intervalles simples sont ceux contenus dans les limites d'une octave, et les intervalles composés sont ceux qui excèdent, au contraire, l'octave. Du reste ces derniers ne sont, à proprement parler, que la réplique des premiers. Le nombre de degrés qui entre dans la formation d'un intervalle, en comptant le point de départ et le point d'arrivée, sert à indiquer son nom.

Ainsi l'intervalle de deux sons s'appelle seconde ; de trois sons, tierce ; de quatre, quarte ; de cinq, quinte ; de six, sixte ; de sept, septième ; de huit, octave.

Les intervalles contenus dans la limite d'une octave peuvent être employés comme *ascendants* ou *descendants*, sans pour cela que l'intervalle change de nom. Ainsi la tierce supérieure de Do est Mi, la quarte inférieure de Fa est Do, etc.

D. Quel est le nom des intervalles composés ?

R. La réplique de la seconde s'appelle neuvième ; de la tierce, dixième ; de la quarte, onzième ; de la quinte, douzième ; de la sixte, treizième ; de la septième, quatorzième, et de l'octave, quinzième. On ne dépasse pas ordinairement ce nombre.

Le produit de deux sons placés sur le même degré et formant absence de tout intervalle s'appelle unisson.

D. Tous les intervalles de l'échelle musicale sont-ils à une égale distance les uns des autres ?

R. Non ; il y en a de plus grands appelés tons entiers, et de plus petits appelés demi-tons.

Voici le tableau de ces distances :

De Do à Ré, un ton ; de Ré à Mi, un ton ; de Mi à Fa, un demi-ton; de Fa à Sol, un ton; de Sol à La, un ton; de La à Si un ton, et de Si à Do un demi-ton.

Quoique la dénomination de demi-ton appliquée aux plus petits degrés de l'échelle musicale semble indiquer que ces distances soient la moitié exacte d'un ton, elle n'en est pas moins abusive, en prenant pour guide les règles de l'acoustique.

Il est très-facile de se convaincre, en effet, au moyen d'un instrument de physique, le *monocorde*, que les sons entiers compris dans la gamme se divisent en neuf parties appelées *comma*, et que les distances existant entre les 3ᵉ et 4ᵉ, 7ᵉ et 8ᵉ degrés, appelées demi-tons, n'en contiennent que quatre.

Quoi qu'il en soit, ces demi-tons sont qualifiés de *diatoniques*, ainsi que la gamme qui les renferme.

D. Existe-t-il un terme générique pour exprimer en musique la différence des intervalles naturels compris dans la gamme modèle.

R. Oui; ce sont les mots majeur et mineur.

Quand la distance de deux sons conjoints formant *seconde* comprend un ton, cette seconde prend le nom de majeure; on l'appelle mineure quand elle ne contient qu'un demi-ton.

Il y a dans la gamme cinq secondes majeures, savoir : de Do à Ré, de Ré à Mi, de Fa à Sol, de Sol à La et de La à Si; plus deux secondes mineures : de Mi à Fa et de Si à Do.

La tierce est majeure lorsque les trois sons dont elle se compose renferment deux tons; elle est mineure lorsque ces trois sons contiennent un ton et un demi-ton.

Il y a dans la gamme trois tierces majeures, savoir : de Do à Mi, de Fa à La et de Sol à Si; plus quatre tierces mineures, savoir : de Ré à Fa, de Mi à Sol, de La à Do et de Si à Ré.

La quarte est majeure lorsque les quatre sons qui la composent contiennent trois tons; elle est mineure lorsque ces quatre sons sont formés de deux tons et d'un demi-ton. On appelait autrefois cette quarte *triton*. Il y a une seule quarte majeure dans la gamme modèle, c'est celle de Fa à Si. Il y a six quartes mineures, savoir : de Do à Fa, de Ré à Sol, de Mi à La, de Sol à Do, de La à Ré, et de Si à Mi.

La quinte est majeure lorsque les cinq sons qui la composent contiennent trois tons et un demi-ton; elle est mineure lorsqu'elle est composée de deux tons et de deux demi-tons.

Il y a six quintes majeures dans la gamme, savoir : de Do à Sol, de Ré à La, de Mi à Si, de Fa à Do, de Sol à Ré et de La à Mi; plus une seule quinte mineure, de Si à Fa.

La sixte est majeure lorsque les six sons qui la composent renferment quatre tons et un demi-ton; elle est mineure lorsqu'ils contiennent trois tons et deux demi-tons.

Il y a quatre sixtes majeures dans la gamme, savoir : de Do à La, de Ré à Si, de Fa à Ré et de Sol à Mi. Il y a aussi trois sixtes mineures, savoir : de Mi à Do, de La à Fa et de Si à Sol.

La septième est majeure lorsque les sept sons qui la composent contiennent cinq tons et un demi-ton; elle est mineure lorsqu'ils ne comprennent que quatre tons et deux demi-tons.

Il y a deux septièmes majeures dans la gamme, savoir : de Do à Si et de Fa à Mi; plus cinq septièmes mineures, savoir : de Ré à Do, de Mi à Ré, de Sol à Fa, de La à Sol et de Si à La.

L'octave étant la répétition à l'aigu d'un son pris pour tonique, ne peut être ni majeure ni mineure.

Elle contient invariablement cinq tons et deux demi-tons, comme de Do à Do.

D. L'ordre de succession des sons établi dans la gamme est-il invariable ?

R. Oui, et tous les degrés qui la composent sont appelés à le reproduire.

Chaque nouvelle tonique détermine le *ton* général de la gamme; ainsi, l'on dit que l'on est en Ré, en Mi ou en Fa, etc., selon qu'une gamme commence et finit par Ré, par Mi ou par Fa, etc. Comme on le voit, le mot *ton* a ici une autre acception que celle que nous lui connaissions déjà ; il n'exprime plus, dans ce cas, la plus grande distance qui sépare deux sons consécutifs de la gamme, mais bien la propriété constitutive de cette gamme. Par suite, l'on dit que tel morceau est en Ré, en Mi ou en Fa, selon que ce morceau est écrit avec les éléments de la gamme de Ré, de Mi, de Fa, etc.

Les nouvelles échelles dont nous venons de parler devant se modeler sur celle de Do, dont elles ne sont que la répétition à des hauteurs différentes, on a dû forcément, pour leur formation, remplacer certains sons trop graves par des sons plus aigus, et certains sons trop aigus par des sons plus graves ; de là une nouvelle série de sons supplémentaires appelés demi-tons *chromatiques*. Pour les distinguer, on a employé deux qualificatifs : les mots dièze et bémol, en conservant pour leur appellation le nom des sons primitifs qu'ils remplaçaient.

Or, l'analyse mathématique nous fournit la preuve qu'un son diézé, composé de cinq commas, n'est distant que de quatre du son supérieur contre lequel on le mesure, et qu'un son bémolisé, également composé de cinq commas, n'est également qu'à quatre neuvièmes parties de ton du son inférieur qui lui sert de point de comparaison, le son diézé ayant toujours une tendance attractive vers le son supérieur dont il est le plus voisin, et le son bémolisé vers le son inférieur dont il est le plus proche. Il résulte de cet examen que les demi-tons chromatiques, pas plus que les demi-tons diatoniques, ne constituent la moitié exacte d'un ton entier.

L'analyse des rapports exacts des sons, d'après les données fournies par la science de l'acoustique, constitue en musique un système appelé système rigoureux.

C'est le seul admissible en théorie.

Néanmoins, l'imperfection de certains corps artificiels en ayant rendu l'application impossible dans la pratique, on a dû chercher un terme moyen qui pût se plier aux imperfections de l'instrument. Voilà l'origine du *système tempéré*, qu'il faut se garder de confondre, malgré les avantages qu'il présente, avec la *théorie vraie*, puisqu'il n'est que le résultat de la construction des instruments à sons fixes.

Nous avons dit que la presque totalité des corps artificiels, si nous en exceptons les instruments à cordes et peut-être un seul instrument à vent, le cor, étaient dans l'impossibilité de rendre les différentes attractions des sons musicaux; les demi-tons chromatiques devenaient donc un obstacle insurmontable si l'on tenait à les produire sous leurs différentes formes.

Aussi, négligeant l'application de ce principe fondamental d'où il ressort qu'un son est le produit d'un certain nombre de vibrations en dehors desquelles il cesse d'être lui-même, on s'est pris d'abord à considérer les sons contenus entre les tons entiers comme une modification de ces derniers ; alors les mots *dièze* et *bémol* n'ont plus été regardés que comme synonymes d'exhaussement et d'abaissement, et l'on en a déduit cette règle qu'un dièze placé devant un son quelconque l'élevait d'un demi-ton chromatique, et qu'un bémol dans les mêmes conditions l'abaissait également d'un demi-ton chromatique.

Neutralisant ensuite, au moyen d'un partage approximatif, le comma qui séparait le son diézé du son bémolisé, on les a confondu en un seul et même son qui peut être employé sous une double forme sans cependant blesser l'oreille.

D. Combien compte-t-on de demi-tons chromatiques entre les tons entiers?

R. Cinq ; savoir :

> Do dièze ou Ré bémol.
> Ré dièze ou Mi bémol.
> Fa dièze ou Sol bémol.
> Sol dièze ou La bémol.
> La dièze ou Si bémol.

Et comme chaque son chromatique a la faculté de devenir la

base d'une nouvelle échelle, ainsi que les sons primitifs, il s'est présenté certains cas où le Mi et le Si, le Do et le Fa, qui entraient dans la formation de certaines gammes ayant pour tonique un son diézé ou bémolisé, ont eu besoin d'être remplacés par des sons plus aigus appelés Mi dièze ou Si dièze, ou par des sons plus graves appelés Do bémol ou Fa bémol.

Il a donc fallu confondre ces quatre nouveaux sons dans l'espèce de synonymie employée pour les autres demi-tons chromatiques. C'est ainsi que Mi dièze et Si dièze ont été regardés comme produisant le même son que Fa et Do *naturels* et Fa et Do bémols le même son que Mi et Si *naturels*.

(Par le mot *naturel* on est convenu de désigner les sons primitifs contenus dans l'échelle modèle, par opposition à tout son diézé ou bémolisé.)

Il est à remarquer que les sons chromatiques ne sont pas plus artificiels que les sons primitifs, et c'est encore ici le cas de signaler une de ces irrégularités si communes dans le langage musical.

On est convenu d'appeler *enharmoniques* tous les sons qui, théoriquement, diffèrent d'un *comma* de ceux qu'ils sont appelés à remplacer, différence qui disparaît sous l'accord du *tempérament* par lequel deux sons ayant des tendances opposées sont confondus en un seul.

D. Existe-t-il d'autres sons enharmoniques que ceux produits par les dièzes et les bémols?

R. Oui; car il arrive parfois que l'on soit forcé de remplacer momentanément des sons déjà diézés et d'autres déjà bémolisés par des sons encore plus aigus ou plus graves; c'est ce qui a lieu toutes les fois qu'on fait usage du double dièze et du double bémol.

D. Qu'est-ce qu'un double dièze?

R. C'est l'addition d'un dièze à un son déjà diézé, et qui se trouve par cela même haussé de dix commas, en théorie, mais qui, dans la pratique, se traduit par le son supérieur auquel il correspond.

D. Qu'est-ce qu'un double bémol?

R. C'est un son particulier que l'on obtient en baissant de cinq commas un son déjà bémolisé et qui se trouve par cela même, en théorie, un neuvième de ton plus élevé que le son naturel auquel il correspond, neuvième de ton dont on ne tient pas compte dans la pratique.

Voici la liste de tous les sons *enharmoniques* que l'on peut obtenir au moyen des doubles dièzes et des doubles bémols. Nous avons mis en regard les sons naturels auxquels ils correspondent :

> Do double dièze pour Ré *naturel.*
> Ré double dièze pour Mi *naturel.*
> Fa double dièze pour Sol *naturel.*
> Sol double dièze pour La *naturel.*
> La double dièze pour Si *naturel.*
> Ré double bémol pour Do *naturel.*
> Mi double bémol pour Ré *naturel.*
> Sol double bémol pour Fa *naturel.*
> La double bémol pour Sol *naturel.*
> Si double bémol pour La *naturel.*

Auxquels il faut ajouter :

> Mi double dièze pour Fa dièze.
> Si double dièze pour Do dièze.
> Fa double bémol pour Mi bémol.
> Et Do double bémol pour Si bémol.

D. Existe-t-il un moyen de détruire l'effet du dièze et du bémol?

R. Oui; c'est l'emploi du bécarre. Ce mot indique qu'un son diézé ou bémolisé est remplacé par un son primitif. Il n'existe pas de moyen particulier pour détruire l'effet du double dièze ou du double bémol, parce qu'il n'est pas d'usage de passer subitement d'un son doublement diézé ou doublement bémolisé à un son primitif.

CHAPITRE DEUXIÈME.

D. Chaque son principal ou intermédiaire pouvant devenir la tonique d'une nouvelle gamme, que doit-on faire pour la classification de ces échelles?

R. Les diviser en deux catégories, l'une comprenant les gammes formées avec le secours des dièzes, l'autre comprenant les gammes formées avec le secours des bémols, et placer dans chacune de ces catégories d'abord les gammes qui emploient le moins grand nombre de dièzes et de bémols, en allant progressivement jusqu'à celles qui en emploient le plus.

D. Combien peut-on former de gammes avec le secours des dièzes ?

R. Sept : celles de Sol, de Ré, de La, de Mi, de Si, de Fa dièze et de Do dièze.

La première (celle de Sol) n'emploie pour sa formation qu'un seul dièze, qui se place devant le Fa.

EXEMPLE :

1 ton   1 ton   1/2 ton   1 ton   1 ton   1 ton   1 ton
Sol   La   Si   Do   Ré   Mi   Fa dièze   Sol

En effet, Sol étant devenu la tonique de la nouvelle gamme que nous avons à former, il a fallu remplacer le Fa naturel par un son plus aigu appelé Fa dièze, afin de rendre cette échelle semblable à celle de Do. C'est pour obtenir un pareil résultat que les gammes suivantes emploient un plus ou moins grand nombre de sons diézés.

La deuxième gamme (celle de Ré) emploie deux dièzes pour sa formation : le premier se place devant le Fa et le second devant le Do.

EXEMPLE :

1 ton   1/2 ton   1 ton   1 ton   1 ton   1/2 ton   1 ton
Ré   Mi   Fa dièze   Sol   La   Si   Do dièze   Ré

Il est bon de remarquer que les dièzes employés dans une gamme précédente subsistent toujours dans celle qui suit :

La troisième (celle de La) emploie trois dièzes pour sa formation : le premier se place devant le Fa, le second devant le Do et le troisième devant le Sol.

EXEMPLE :

1 ton   1 ton   1/2 ton   1 ton   1 ton   1 ton   1/2 ton
La   Si   Do dièze   Ré   Mi   Fa dièze   Sol dièze   La

La quatrième (celle de Mi) en emploie quatre : le premier se place devant le Fa, le second devant le Do, le troisième devant le Sol et le quatrième devant le Ré.

EXEMPLE :

1 ton   1 ton   1/2 ton   1 ton   1 ton   1 ton   1/2 ton
Mi   Fa dièze   Sol dièze   La   Si   Do dièze   Ré dièze   Mi

La cinquième (celle de Si) en emploie cinq : le premier se place devant le Fa, le second devant le Do, le troisième devant le Sol, le quatrième devant le Ré, le cinquième devant le La.

EXEMPLE :

La sixième (celle de Fa dièze) en emploie six : le premier se place devant le Fa, le second devant le Do, le troisième devant le Sol, le quatrième devant le Ré, le cinquième devant le La, le sixième devant le Mi.

EXEMPLE :

La septième (celle de Do dièze) en emploie sept : le premier se place devant le Fa, le second devant le Do, le troisième devant le Sol, le quatrième devant le Ré, le cinquième devant le La, le sixième devant le Mi et le septième devant le Si.

EXEMPLE :

Dans la catégorie que nous venons d'établir, on a pu remarquer que la dominante de chaque gamme devient la tonique de celle qui la suit, ou, ce qui revient au même, que chaque gamme se trouve une quinte au-dessus de celle qui la précède, ajoutons qu'il en est de même des dièzes qui servent à la constituer.

De ce que chacun des sept sons de l'échelle musicale a déjà été remplacé par un son plus aigu et que pour former dans la pratique de nouvelles échelles, il faudrait avoir recours à des sons doublement diézés qui n'auraient pour effet que de produire un résultat synonyme sur les instruments à sons fixes, il n'en faut pas conclure que la gamme qui emploie sept dièzes soit rigoureusement parlant la dernière limite d'extension des sons musicaux vers l'aigu.

La théorie musicale au contraire, illimitée dans ses développements, nous enseigne que la marche ascendante par quintes peut se perpétuer à l'infini, à l'aide d'une nouvelle série de sons *sur-aigus* appelés doubles dièzes, destinés eux-mêmes à être remplacés plus tard par d'autres sons appelés triples dièzes, et ainsi de suite autant que l'oreille peut en apprécier le degré d'élévation.

D. Combien peut-on former de gammes avec le secours des bémols?

R. Sept : celles de Fa, de Si bémol, de Mi bémol, de La bémol, de Ré bémol, de Sol bémol et de Do bémol.

La première (celle de Fa) n'emploie qu'un bémol pour sa formation. Il se place devant le Si.

EXEMPLE :

1 ton	1 ton	1/2 ton	1 ton	1 ton	1 ton	1/2 ton
Fa	Sol	La	Si bémol	Do	Ré	Mi	Fa

En analysant cette nouvelle gamme nous pouvons nous convaincre que, sans le secours du son bémolisé qui remplace le Si, nous n'aurions pu obtenir la distance prescrite du troisième au quatrième degré. Il est inutile d'ajouter que c'est un motif analogue qui fait employer un plus ou moins grand nombre de bémols dans les gammes qui nous restent à former.

La seconde (celle de Si bémol) emploie deux bémols pour sa formation : le premier se place devant le Si et le second devant le Mi.

EXEMPLE :

1 ton	1 ton	1/2 ton	1 ton	1 ton	1 ton	1/2 ton
Si bémol	Do	Ré	Mi bémol	Fa	Sol	La	Si bémol

La troisième (celle de Mi bémol) en emploie trois : le premier se place devant le Si, le second devant le Mi, le troisième devant le La.

EXEMPLE :

1 ton	1 ton	1/2 ton	1 ton	1 ton	1 ton	1/2 ton
Mi bémol	Fa	Sol	La bémol	Si bémol	Do	Ré	Mi bémol

La quatrième (celle de La bémol) en emploie quatre : le premier se place devant le Si, le second devant le Mi, le troisième devant le La et le quatrième devant le Ré.

EXEMPLE :

1 ton	1 ton	1/2 ton	1 ton	1 ton	1 ton	1/2 ton
La bémol	Si bémol	Do	Ré bémol	Mi bémol	Fa	Sol	La bémol

La cinquième (celle de Ré bémol) en emploie cinq : le premier se place devant le Si, le second devant le Mi, le troisième devant le La, le quatrième devant le Ré et le cinquième devant le Sol.

EXEMPLE :

1 ton	1 ton	1/2 ton	1 ton	1 ton	1 ton	1/2 ton
Ré bémol	Mi bémol	Fa	Sol bémol	La bémol	Si bémol	Do	Ré bémol

La sixième (celle de Sol bémol) en emploie six : le premier se place devant le Si, le second devant le Mi, le troisième devant le La, le quatrième devant le Ré, le cinquième devant le Sol et le sixième devant le Do.

EXEMPLE :

1 ton	1 ton	1/2 ton	1 ton	1 ton	1 ton	1/2 ton
Sol bémol	La bémol	Si bémol	Do bémol	Ré bémol	Mi bémol	Fa	Sol bémol

La septième (celle de Do bémol) en emploie sept : le premier se place devant le Si, le second devant le Mi, le troisième devant le La, le quatrième devant le Ré, le cinquième devant le Sol, le sixième devant le Do et le septième devant le Fa.

EXEMPLE :

1 ton	1 ton	1/2 ton	1 ton	1 ton	1 ton	1/2 ton
Do bémol	Ré bémol	Mi bémol	Fa bémol	Sol bémol	La bémol	Si bémol	Do bémol

Dans la catégorie des gammes formées avec le secours des bémols on a été à même de se convaincre que la sous-dominante de chaque gamme devient la tonique de celle qui lui succède ou, ce qui revient au même, que chaque gamme se trouve une quinte au-dessous de celle qui la précède. Il en est de même des bémols employés à leur construction.

Quoi qu'on ne puisse former plus de sept gammes avec le secours des bémols, et qu'il ne soit pas d'usage d'employer les doubles bémols pour constituer une nouvelle série, puisque sur les instruments tempérés on produirait des sons regardés comme synonymes, il n'en faut pas augurer, ainsi que nous l'avons fait observer à l'égard des sons diézés, que la progression descendante doive s'arrêter à cette limite.

On peut, au contraire, former une nouvelle série de sons *extra-graves* appelés doubles bémols, qui, se reproduisant dans le même ordre, c'est-à-dire par succession de quintes descendantes, sera remplacée elle-même par d'autres sons encore plus graves appelés triples bémols, et ainsi de suite, autant que l'oreille pourra en percevoir la gravité.

Seulement le même motif qui a empêché de reproduire sur les instruments tempérés les sons *sur-aigus*, appelés doubles dièzes, s'oppose à la reproduction des séries extra-graves.

D. Qu'indique l'ordre établi entre les différents sons d'une gamme ?

R. Son individualité, sa constitution, sa manière d'être.

D. Comment exprime-t-on en musique sa manière d'être ?

R. Par le mot *mode*.

D. Combien y a-t-il de modes ?

R. Deux principaux : le mode majeur et le mode mineur, dont la réunion forme dans la musique moderne le genre diatonique, c'est-à-dire celui dont les échelles n'emploient pas d'intervalle plus grand que le ton.

La gamme de Do et sa reproduction à des hauteurs différentes, au moyen des sons diézés et bémolisés, constitue le mode majeur. Dans cette gamme et ses congénères, la distance comprise depuis la tonique jusqu'à la médiante inclusivement est toujours composée de deux tons, tandis que dans la gamme de La mineur, qui est l'échelle-type de ce mode, cette distance n'est composée que d'un ton et demi, et c'est précisément ce qui en fait le caractère distinctif.

Quant à la disposition des autres sons contenus dans l'échelle mineure, comme cette disposition n'est que le résultat des différents changements apportés à l'ordre primitivement établi, nous allons indiquer ces différentes transformations ainsi que les motifs qui les ont rendues nécessaires.

La première forme sous laquelle se soit produite la gamme mineure a consisté dans l'emploi des sons appartenant à l'échelle primitive, en prenant pour tonique la tierce inférieure du son initial de la gamme majeure et en disposant la série des sons qui servaient à la produire, de manière à ce qu'il y eût un ton plus un demi-ton, deux tons suivis d'un demi-ton, puis deux tons.

EXEMPLE :

1 ton   1/2 ton   1 ton   1 ton   1/2 ton   1 ton   1 ton
La   Si   Do   Ré   Mi   Fa   Sol   La

Cette gamme ayant paru défectueuse à juste titre, parce qu'elle manquait de *sensible* en montant (le septième degré d'une gamme devant toujours pour mériter cette qualification avoir une tendance attractive vers le huitième degré et n'en être éloigné que d'un demi-ton), on remplaça le Sol naturel par un son plus aigu appelé Sol dièze, et l'on obtint cette seconde forme.

EXEMPLE :

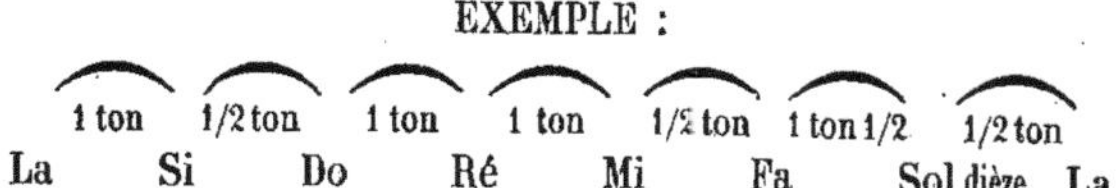

1 ton   1/2 ton   1 ton   1 ton   1/2 ton   1 ton 1/2   1/2 ton
La   Si   Do   Ré   Mi   Fa   Sol dièze   La

On remarqua bientôt l'inconvénient de cette seconde forme qui présentait une gamme renfermant trois demi-tons et offrait en outre un intervalle en dehors du genre diatonique et dont l'euphonie même exigeait la suppression.

C'est en vain qu'on essaya d'éluder la difficulté en proposant une série de sons déguisée sous le nom de gamme, partant de la tonique à la sixte et redescendant un demi-ton au-dessous de la tonique: cet essai n'obtint et ne devait obtenir aucun succès.

Il fallut donc avoir recours à une troisième forme qui empruntât aux deux précédentes ce qu'elles pouvaient avoir de bon et rectifiât ce qui s'y trouvait encore de défectueux.

La première forme avait été regardée comme mauvaise parce qu'elle manquait de sensible en montant; il n'en était pas de même en descendant, parce que le motif qui faisait réclamer la présence du Sol dièze pour former sensible avec l'octave tonique n'avait plus de raison d'être dans cette seconde période.

La seconde forme avait bien introduit, en montant, cette sensible, mais en même temps elle avait donné naissance à un intervalle en dehors du genre diatonique qui n'admet pas que la distance séparant deux degrés conjoints de la gamme soit de plus d'un ton.

On mitigea donc cette seconde forme en introduisant dans l'échelle ascendante la sixte majeure Fa dièze qui, formant seconde avec la sensible Sol dièze, détruisait le vice que nous avons signalé plus haut, tant au point de vue de la suppression d'un intervalle prohibé qu'à celui de l'euphonie même, et comme la gamme descendante appartenant à la première forme avait paru satisfaisante, on l'employa pour compléter cette échelle.

La seconde forme, malgré les défectuosités que nous avons signalées, a bien continué d'être encore souvent employée par quelques compositeurs à cause d'un caractère particulier de tristesse qu'on s'est plu à lui reconnaître; mais nous ne saurions trop le répéter, le composé que nous venons d'indiquer est le seul que doive admettre la théorie, et malgré les critiques dont il a été l'objet, de reproduire dans la période ascendante le mode majeur, le signe caractéristique du mode mineur étant parfaitement déterminé par la première tierce, la supériorité de cette forme nous semble incontestable.

La seule objection sérieuse qu'on pourrait faire, ce serait la singularité que présente l'échelle-type d'un *mode* employant un ordre ascendant qui n'est pas conforme à l'ordre descendant, singularité qui semble annihiler le principe établissant que les sons distinctifs d'un mode sont non-seulement la tierce, mais encore la sixte, laquelle devait nécessairement être mineure dans le mode mineur. A tout cela nous répondrons que le mode mineur étant éminemment factice, a dû subir quelques infractions aux règles de régularité établies dans le mode majeur et que la forme définitive sous laquelle nous avons présenté la gamme mineure est encore celle qui présente le moins d'inconvénients.

D. Combien y a-t-il de gammes mineures?

R. Autant que de gammes majeures, car il existe entre elles deux une certaine affinité, une *relation*, un rapport qui a fait à juste titre désigner les gammes mineures comme *relatives* des gammes majeures.

D. Expliquez ce rapport?

R. Ce rapport se fait remarquer dans la période descendante, des gammes mineures.

En effet, nous savons que les huit sons de la gamme primitive forment une échelle double dont on peut également monter ou descendre les échelons. Dans les gammes majeures que nous avons étudiées jusqu'ici, aucune différence ne s'était manifestée sous ces deux points de vue. C'étaient toujours les mêmes échelons séparés par les mêmes distances de bas en haut ou de haut en bas, tandis qu'il en est autrement des gammes mineures, comme nous l'avons déjà appris.

Les gammes majeures, en effet, et les gammes mineures sont composées avec le même nombre de dièzes et de bémols, sauf les *accidents* qui surviennent exceptionnellement.

Par *accident* on entend dans le langage musical une modification, au moyen d'un dièze, d'un bémol ou d'un bécarre, de l'un des sons qui composent une gamme majeure, laquelle modification est employée exceptionnellement pour former la période ascendante de la gamme mineure qui lui est corrélative.

Il s'ensuit que le ton d'une gamme majeure qui dépend du nombre de dièzes ou de bémols qu'elle emploie, peut être considéré comme le ton fondamental, lequel n'est modifié que par l'emploi exceptionnel d'un ou plusieurs accidents dans la gamme mineure corrélative.

Il s'ensuit encore que les dièzes ou bémols indicatifs du son fondamental, peuvent servir également à indiquer le ton mineur qui en est dérivé, dont les sons principaux sont les mêmes, les autres modifications n'étant qu'accidentelles.

D. A quelle distance se trouvent les gammes mineures relatives des gammes majeures ?

R. A une tierce mineure inférieure, c'est-à-dire à un ton et demi plus bas.

D. La gamme de La mineur étant le modèle du mode mineur, indiquez la position des demi-tons qui entrent dans sa confection ?

R. Ces demi-tons trouvent place du 3e au 4e degré et du 7e au 8e dans l'ordre ascendant, du 6e au 5e et du 3e au 2e dans l'ordre descendant.

EXEMPLE :

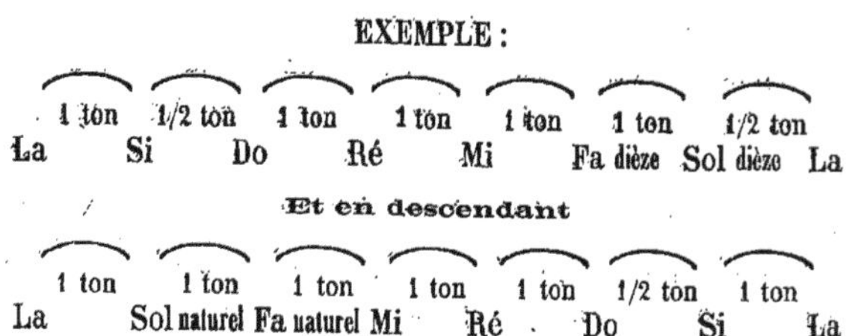

Comme il y a autant de gammes mineures que de gammes majeures, il en résulte naturellement qu'elles composent deux séries, l'une comprenant des gammes mineures correspondant aux gammes majeures formées avec le secours des dièzes, l'autre, les gammes mineures correspondant aux gammes majeures formées avec le secours des bémols, chacune de ces gammes se succédant dans le même ordre que les gammes majeures.

PREMIÈRE SÉRIE.

Gammes mineures correspondant aux gammes majeures formées avec le secours des dièzes.

La première est celle de Mi *mineur*; elle est relative de Sol majeur.

Période ascendante.

Période descendante.

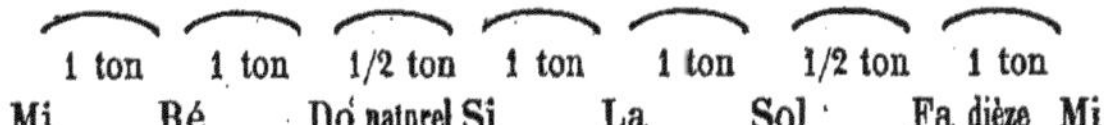

La deuxième gamme (celle de Si mineur) est relative de Ré mineur.

Période ascendante.

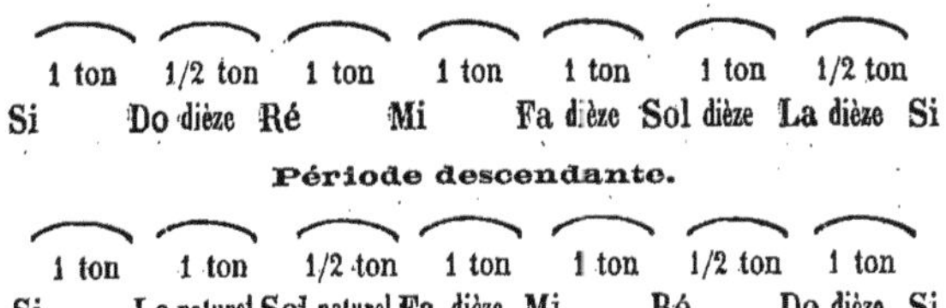

Période descendante.

La troisième gamme (celle de Fa dièze mineur) est relative de La majeur.

Période ascendante.

1 ton	1/2 ton	1 ton	1 ton	1 ton	1 ton	1/2 ton
Fa dièze	Sol dièze	La	Si	Do dièze	Ré dièze	Mi dièze	Fa dièze

Période descendante.

1 ton	1 ton	1/2 ton	1 ton	1 ton	1/2 ton	1 ton
Fa dièze	Mi naturel	Ré naturel	Do dièze	Si	La	Sol dièze	Fa dièze

La quatrième gamme (celle de Do dièze mineur) est relative de Mi majeur.

Période ascendante.

1 ton	1/2 ton	1 ton	1 ton	1 ton	1 ton	1/2 ton
Do dièze	Ré dièze	Mi	Fa dièze	Sol dièze	La dièze	Si dièze	Do dièze

Période descendante.

1 ton	1 ton	1/2 ton	1 ton	1 ton	1/2 ton	1 ton
Do dièze	Si naturel	La naturel	Sol dièze	Fa dièze	Mi	Ré dièze	Do dièze

La cinquième gamme (celle de Sol dièze mineur) est relative de Si majeur.

Période ascendante.

1 ton	1/2 ton	1 ton	1 ton	1 ton	1 ton	1/2 ton
Sol dièze	La dièze	Si	Do dièze	Ré dièze	Mi dièze	Fa double dièze	Sol dièze

Période descendante.

1 ton	1 ton	1/2 ton	1 ton	1 ton	1/2 ton	1 ton
Sol dièze	Fa dièze	Mi naturel	Ré dièze	Do dièze	Si	La dièze	Sol dièze

La sixième gamme (celle de Ré dièze mineur) est relative de Fa dièze majeur.

Période ascendante.

1 ton	1/2 ton	1 ton	1 ton	1 ton	1 ton	1/2 ton
Ré dièze	Mi dièze	Fa dièze	Sol dièze	La dièze	Si dièze	Do double dièze	Ré dièze

Période descendante.

1 ton	1 ton	1/2 ton	1 ton	1 ton	1/2 ton	1 ton
Ré dièze	Do dièze	Si naturel	La dièze	Sol dièze	Fa dièze	Mi dièze	Ré dièze

La septième gamme (celle de La dièze mineur) est relative de
Do dièze majeur.

Période ascendante.

1 ton	1/2 ton	1 ton	1 ton	1 ton	1 ton	1/2 ton

La dièze Si dièze Do dièze Fa dièze Mi dièze Ré double dièze Sol double dièze La dièze.

Période descendante.

1 ton	1 ton	1/2 ton	1 ton	1 ton	1/2 ton	1 ton

La dièze Sol dièze Fa dièze Mi dièze Ré dièze Do dièze Si dièze La dièze

Ce que nous avons dit relativement à la possibilité de former
de nouvelles séries majeures à l'aide de sons sur-aigus et de sons
extra-graves, s'applique évidemment aux gammes mineures qui
leur correspondent, aussi n'insisterons-nous pas sur ce point.

DEUXIÈME SÉRIE.

**Gammes mineures correspondant aux gammes majeures formées
avec le secours des bémols.**

La première gamme de cette série est celle de Ré *mineur* ;
elle est relative de la gamme de Fa majeur.

Période ascendante.

1 ton	1/2 ton	1 ton	1 ton	1 ton	1 ton	1/2 ton

Ré   Mi   Fa   Sol   La   Si   Do dièze Ré

Période descendante.

1 ton	1/2 ton	1 ton	1 ton	1 ton	1/2 ton	1 ton

Ré   Do naturel Si bémol La   Sol   Fa   Mi   Ré

La deuxième gamme (celle de Sol mineur) est relative de Si
bémol majeur.

Période ascendante.

1 ton	1/2 ton	1 ton	1 ton	1 ton	1 ton	1/2 ton

Sol   La   Si bémol Do   Ré   Mi   Fa dièze Sol

Période descendante.

1 ton	1 ton	1/2 ton	1 ton	1 ton	1/2 ton	1 ton

Sol   Fa naturel Mi bémol Ré   Do   Si bémol La   Sol

La troisième gamme (celle de Do mineur) est relative de Mi bémol majeur.

Période ascendante.

1 ton	1/2 ton	1 ton	1 ton	1 ton	1 ton	1/2 ton
Do	Ré	Mi bémol	Fa	Sol	La	Si	Do

Période descendante.

1 ton	1 ton	1/2 ton	1 ton	1 ton	1/2 ton	1 ton
Do	Si bémol	La bémol	Sol	Fa	Mi bémol	Ré	Do

La quatrième gamme (celle de Fa mineur) est relative de La bémol majeur.

Période ascendante.

1 ton	1/2 ton	1 ton	1 ton	1 ton	1 ton	1/2 ton
Fa	Sol	La bémol	Si bémol	Do	Ré	Mi	Fa

Période descendante.

1 ton	1 ton	1/2 ton	1 ton	1 ton	1/2 ton	1 ton
Fa	Mi bémol	Ré bémol	Do	Si bémol	La bémol	Sol	Fa

La cinquième gamme (celle de Si bémol mineur) est relative de Ré bémol majeur.

Période ascendante.

1 ton	1/2 ton	1 ton	1 ton	1 ton	1 ton	1/2 ton
Si bémol	Do	Ré bémol	Mi bémol	Fa	Sol	La	Si bémol

Période descendante.

1 ton	1 ton	1/2 ton	1 ton	1 ton	1/2 ton	1 ton
Si bémol	La bémol	Sol bémol	Fa	Mi bémol	Ré bémol	Do	Si bémol

La sixième (celle de Mi bémol mineur) est relative de Sol bémol majeur.

Période ascendante.

1 ton	1/2 ton	1 ton	1 ton	1 ton	1 ton	1/2 ton
Mi bémol	Fa	Sol bémol	La bémol	Si bémol	Do	Ré	Mi bémol

Période descendante.

| 1 ton | 1 ton | 1/2 ton | 1 ton | 1 ton | 1/2 ton | 1 ton | |
Mi bémol   Ré   Do bémol   Si bémol   La bémol   Sol bémol   Fa   Mi bémol

La septième gamme (celle de La bémol mineur) est relative de Do bémol majeur.

Période ascendante.

| 1 ton | 1/2 ton | 1 ton | 1 ton | 1 ton | 1 ton | 1/2 ton | |
La bémol   Si bémol   Do bémol   Ré bémol   Mi bémol   Fa   Sol   La bémol

Période descendante.

| 1 ton | 1 ton | 1/2 ton | 1 ton | 1 ton | 1/2 ton | 1 ton | |
La bémol   Sol bémol   Fa bémol   Mi bémol   Ré bémol   Do bémol   Si bémol   La bémol

Il est entendu que sur les instruments à sons fixes, les gammes majeures de Do dièze et Ré bémol, Do bémol et Si naturel, et les gammes mineures La dièze et Si bémol, Sol dièze et La bémol ne peuvent être produites sous leurs doubles formes, le même son servant à traduire le dièze et le bémol.

Les gammes mineures de la 2e série emploient, comme nous l'avons dit, des dièzes et des bémols pour leur formation, tandis que celles de la 1re série n'emploient que des dièzes.

Il est aussi à remarquer qu'il n'y a que les gammes de la première série qui emploient des doubles dièzes pour leur formation, tandis que celles de la deuxième série n'emploient pas de doubles bémols.

Comme nous venons de le voir, le double dièze est essentiel pour former la sensible des gammes mineures qui emploient beaucoup de dièzes pour leur formation, telles que celles de Sol dièze mineur, Ré dièze mineur et La dièze mineur.

Si le double bémol n'est pas employé dans des circonstances analogues, il n'en est pas moins nécessaire pour servir de parallèle au double dièze dans différentes circonstances où l'euphonie le réclame. Il est aussi d'une rigoureuse nécessité dans une opération dont nous aurons plus tard à nous occuper, la *transposition*.

Les gammes mineures ayant sept sons communs avec les gammes majeures dont elles dérivent, il en résulte que toute gamme majeure peut se changer en gamme mineure de même tonique par l'amoindrissement de l'intervalle formant tierce avec cette même tonique, de même que toute gamme mineure peut à son tour devenir majeure par l'extension de la médiante.

Les différents sons communs aux deux modes majeur et mineur les ont mis naturellement en contact et donné naissance à une pénétration réciproque des diverses tonalités entre elles, c'est ce que l'on appelle en musique *modulation*.

On peut passer d'une tonalité dans une autre, sans pour cela changer de mode et passer d'un mode à l'autre en conservant la même tonique. Outre les gammes relatives que nous connaissons, il existe encore d'autres liens de parenté entre les différentes gammes. Ainsi, en prenant pour exemple la gamme de Do majeur pour point de comparaison, elle n'a pas seulement pour relative la gamme de La mineur, mais elle a encore un rapport plus ou moins direct avec les gammes de Sol, Mi mineur, Fa majeur et Ré mineur.

L'*enharmonie* moderne contribue puissamment à l'enchaînement des gammes, au moyen des notes communes à chacune d'elles.

La tierce étant le seul intervalle variable dans le mode mineur, il en résulte que l'on peut établir en principe que la seconde est majeure dans les deux modes, la tierce majeure dans le mode majeur et mineure dans le mode mineur, la quarte et la quinte majeure dans les deux modes ainsi que la sixte et la septième.

CHAPITRE TROISIÈME.

D. Les échelles majeures et mineures constituant dans la musique moderne le genre diatonique sont-elles les seules en usage?

R. Non, les instruments tempérés, en introduisant des sons de remplacement appelés dièzes et bémols, ont donné naissance à trois nouveaux modes, dont deux *chromatiques* et un autre appelé *enharmonique*.

Les sons chromatiques, à cause de leurs tendances opposées, pouvant se produire sous deux formes, il en est résulté deux échelles-types, l'une formée avec le secours des dièzes et l'autre avec le secours des bémols.

L'ordre de succession adopté pour ces deux séries embrassant une suite de sons appartenant à tous les tons, repose sur un enchaînement de demi-tons chromatiques et diatoniques.

Dans la première série, les tons entiers sont divisés au moyen des remplaçants aigus du son grave appelés dièzes, et dans la seconde au moyen des remplaçants graves du son aigu appelés bémols.

Gamme chromatique par dièzes.

Do, Do dièze, Ré, Ré dièze, Mi, Fa, Fa dièze, Sol, Sol dièze, La, La dièze, Si, Do.

Et en descendant :

Do, Si, La dièze, La naturel, Sol dièze, Sol naturel, Fa dièze, Fa naturel, Mi naturel, Ré dièze, Ré naturel. Do dièze, Do naturel.

Gamme chromatique par bémols.

Do, Ré bémol, Ré naturel, Mi bémol, Mi naturel, Fa naturel, Sol bémol, Sol naturel, La bémol, La naturel, Si bémol, Si naturel, Do naturel.

Et en descendant :

Do, Si naturel, Si bémol, La naturel, La bémol, Sol naturel, Sol bémol, Fa naturel, Mi naturel, Mi bémol, Ré naturel, Ré bémol, Do naturel.

Enfin, certains compositeurs emploient la gamme chromatique en se servant de dièzes dans la période ascendante et de bémols dans la période descendante.

Il est bien entendu que la gamme chromatique peut prendre pour tonique tout son principal ou intermédiaire.

Si l'on considère que le son produit par le dièze n'est pas le même que celui produit par le bémol, il en résultera la possibilité d'établir une succession qui les renferme tous deux; c'est cette

succession à laquelle on a donné le nom de *gamme enharmonique*.

Voici cette gamme :

Do naturel, Ré bémol, Do dièze, Ré naturel, Mi bémol, Ré
dièze, Mi naturel, Fa bémol, Mi dièze, Fa naturel, Sol bémol, Fa
dièze, Sol naturel, La bémol, Sol dièze, La naturel, Si bémol,
La dièze, Si naturel, Do bémol, Si dièze, Do naturel.

Et ce qu'il y a de plus étrange, c'est que les instruments qui
donnent à cette gamme une raison d'être, sont incapables de
la reproduire, le vice de leur construction les ayant forcé d'a-
dopter un son unique dans lequel le dièze et le bémol sont
confondus. D'où il résulte que l'*enharmonie*, c'est-à-dire le
comma qui sépare chaque son diézé du son bémolisé auquel il
correspond, étant annihilé, on a donné ce nom à la prétendue
synonymie de deux sons se fondant l'un dans l'autre.

Il n'est pas besoin de rappeler ici que les échelles des deux
modes chromatiques et du mode enharmonique qui peuvent
prendre pour tonique chacun des sons que nous connaissons,
ont la faculté de se reproduire indéfiniment au grave et à l'aigu.

Des cinq modes employés en musique sont nés tous les intervalles possibles.

Nous ne connaissons jusqu'ici que les intervalles majeurs et
mineurs, c'est-à-dire les intervalles compris dans les gammes
majeure et mineure.

Si la gamme mineure a emprunté à l'échelle chromatique
deux de ses sons de remplacement pour former, sous la troisième
forme où elle s'est produite, sa sixte et sa septième, n'oublions
point que c'est par suite de modifications apportées au type
normal du mode mineur qui n'employait dans l'origine, ainsi
que la première forme nous en a donné l'exemple, que tous sons
naturels ou *primitifs*.

Ces modifications, nous le répétons, ne sont que la conséquence des instruments à sons fixes, et comme en définitive on ne pouvait admettre des règles particulières pour la musique vocale et d'autres pour la musique instrumentale, la nécessité, dans la pratique, a prévalu contre la théorie.

Les nouveaux intervalles introduits par le genre chromatique et enharmonique ont pris le nom d'*intervalles diminués, augmentés* et *enharmoniques.*

Ainsi, pour nous résumer, nous dirons donc qu'on entend par intervalles majeurs ceux qui sont compris entre chacun des sons d'une gamme *diatonique* et le premier pris comme point de départ et qui sont susceptibles de s'amoindrir et par conséquent de devenir mineurs sans sortir de la tonalité à laquelle ils appartiennent.

Dans le cas contraire, l'intervalle amoindri ne s'appelle plus mineur, mais *diminué,* et l'intervalle dans son plus grand degré d'extension s'appelle *augmenté.* C'est au moyen des intervalles diminués et augmentés que deux tonalités étrangères sont mises momentanément en rapport. Quant à l'intervalle *enharmonique* qui tire son origine de la gamme de même nom, comme il consiste dans la différence existant entre le dièze et le bémol, différence qui ne peut être mise en pratique sur les instruments tempérés, on ne peut le former que théoriquement.

Nous avons donné la nomenclature à tous les intervalles naturels compris dans la gamme de Do, type du mode majeur; nous avons également désignés ceux appartenant à la gamme de La mineur, type de ce mode. Comme chaque tonalité peut produire des intervalles semblables, nous allons les exposer en prenant pour base des différentes gammes de même nature formées à des hauteurs différentes, chaque son primitif et chaque son diézé ou bémolisé.

SECONDES.

La seconde peut être mineure, majeure, augmentée et enharmonique.

La seconde mineure comprend un demi-ton, la seconde majeure un ton entier, ainsi que nous l'avons déjà vu; la seconde augmentée est composée d'un ton et demi et la seconde enharmonique (non employée dans la pratique) d'une neuvième partie de ton.

SECONDES MINEURES.

A partir de Do naturel — Ré bémol.
— de Ré naturel — Mi bémol.
— de Mi naturel — Fa naturel.
— de Fa naturel — Sol bémol.
— de Sol naturel — La bémol.
— de La naturel — Si bémol.
— de Si naturel — Do naturel.

A partir de Do dièze — Ré naturel.
— de Ré dièze — Mi naturel.
— de Mi dièze — Fa dièze.
— de Fa dièze — Sol naturel.
— de Sol dièze — La naturel.
— de La dièze — Si naturel.
— de Si dièze — Do dièze.

A partir de Ré bémol — Mi double bémol.
— de Mi bémol — Fa bémol.
— de Fa bémol — Sol double bémol.
— de Sol bémol — La double bémol.
— de La bémol — Si double bémol.
— de Si bémol — Do bémol.
— de Do bémol — Ré double bémol.

SECONDES MAJEURES.

A partir de Do naturel — Ré naturel.
— de Ré naturel — Mi naturel.
— de Mi naturel — Fa dièze.
— de Fa naturel — Sol naturel.
— de Sol naturel — La naturel.
— de La naturel — Si naturel.
— de Si naturel — Do dièze.

A partir de Do dièze — Ré dièze.
— de Ré dièze — Mi dièze.
— de Mi dièze — Fa double dièze.
— de Fa dièze — Sol dièze.
— de Sol dièze — La dièze.
— de La dièze — Si dièze.
— de Si dièze — Do double dièze.

A partir de Ré bémol — Mi bémol.
— de Mi bémol — Fa naturel.
— de Fa bémol — Sol bémol.
— de Sol bémol — La bémol.
— de La bémol — Si bémol.
— de Si bémol — Do naturel.
— de Do bémol — Ré bémol.

SECONDES AUGMENTÉES.

A partir de Do naturel — Ré dièze.
— de Ré naturel — Mi dièze.
— de Mi naturel — Fa double dièze.
— de Fa naturel — Sol dièze.
— de Sol naturel — La dièze.
— de La naturel — Si dièze.
— de Si naturel — Do double dièze.

A partir de Do dièze   — Ré double dièze.
    —   de Ré dièze   — Mi double dièze.
    —   de Mi dièze   — Fa triple dièze.
    —   de Fa dièze   — Sol double dièze.
    —   de Sol dièze   — La double dièze.
    —   de La dièze   — Si double dièze.
    —   de Si dièze   — Do triple dièze.

A partir de Ré bémol   — Mi naturel.
    —   de Mi bémol   — Fa dièze.
    —   de Fa bémol   — Sol naturel.
    —   de Sol bémol   — La naturel.
    —   de La bémol   — Si naturel.
    —   de Si bémol   — Do dièze.
    —   de Do bémol   — Ré naturel.

SECONDES ENHARMONIQUES

(comprenant une neuvième partie de ton dont la reproduction sur
les instruments à sons fixes est impossible).

A partir de Do naturel — Ré double bémol ou Si double dièze.
    —   de Ré naturel — Mi double bémol ou Do double dièze.
    —   de Mi naturel — Fa bémol ou Ré double dièze.
    —   de Fa naturel — Sol double bémol ou Mi dièze.
    —   de Sol naturel — La double bémol ou Fa double dièze.
    —   de La naturel — Si double bémol ou Sol double dièze.
    —   de Si naturel — Do bémol ou La double dièze.

A partir de Do dièze   — Ré bémol ou Si double dièze.
    —   de Ré dièze   — Mi bémol ou Fa double bémol.
    —   de Fa dièze   — Sol bémol ou Mi double dièze.
    —   de Sol dièze   — La bémol ou Si double bémol.
    —   de La dièze   — Si bémol ou Do double bémol.

TIERCES.

La tierce peut être diminuée, mineure et majeure.

La tierce diminuée est composée de deux demi-tons dont chaque moitié appartient à un ton différent, la tierce mineure comprend un ton et un demi-ton, et la tierce majeure deux tons entiers, comme il a été précédemment expliqué.

TIERCES DIMINUÉES.

A partir de Do naturel — Mi double bémol.
— de Ré naturel — Fa bémol.
— de Mi naturel — Sol bémol.
— de Fa naturel — La double bémol.
— de Sol naturel — Si double bémol.
— de La naturel — Do bémol.
— de Si naturel — Ré bémol.

A partir de Do dièze — Mi bémol.
— de Ré dièze — Fa naturel.
— de Mi dièze — Sol naturel.
— de Fa dièze — La bémol.
— de Sol dièze — Si bémol.
— de La dièze — Do naturel.
— de Si dièze — Ré naturel.

A partir de Ré bémol — Fa double bémol.
— de Mi bémol — Sol double bémol.
— de Fa bémol — La triple bémol.
— de Sol bémol — Si triple bémol.
— de La bémol — Do double bémol.
— de Si bémol — Ré double bémol.
— de Do bémol — Mi triple bémol.

TIERCES MINEURES.

A partir de Do naturel — Mi bémol.
    —   de Ré naturel — Fa naturel.
    —   de Mi naturel — Sol naturel.
    —   de Fa naturel — La bémol.
    —   de Sol naturel — Si bémol.
    —   de La naturel — Do naturel.
    —   de Si naturel — Ré naturel.

A partir de Do dièze — Mi naturel.
    —   de Ré dièze — Fa dièze.
    —   de Mi dièze — Sol dièze.
    —   de Fa dièze — La naturel.
    —   de Sol dièze — Si naturel.
    —   de La dièze — Do dièze.
    —   de Si dièze — Ré dièze.

A partir de Ré bémol — Fa bémol.
    —   de Mi bémol — Sol bémol.
    —   de Fa bémol — La double bémol.
    —   de Sol bémol — Si double bémol.
    —   de La bémol — Do bémol.
    —   de Si bémol — Ré bémol.
    —   de Do bémol — Mi double bémol.

TIERCES MAJEURES.

A partir de Do naturel — Mi naturel.
    —   de Ré naturel — Fa dièze.
    —   de Mi naturel — Sol dièze.
    —   de Fa naturel — La naturel.
    —   de Sol naturel — Si naturel.
    —   de La naturel — Do dièze.
    —   de Si naturel — Ré dièze.

QUARTES.

La quarte peut être diminuée, mineure et majeure.

La quarte diminuée est composée d'un ton et de deux demi-tons dont chacun appartient à un ton différent, la quarte mineure comprend deux tons et un demi-ton, et la quinte augmentée trois tons.

QUARTES DIMINUÉES.

A partir de Do naturel	— Fa bémol.
— de Ré naturel	— Sol bémol.
— de Mi naturel	— La bémol.
— de Fa naturel	— Si double bémol.
— de Sol naturel	— Do bémol.
— de La naturel	— Ré bémol.
— de Si naturel	— Mi bémol.
A partir de Do dièze	— Fa naturel.
— de Ré dièze	— Sol naturel.
— de Mi dièze	— La naturel.
— de Fa dièze	— Si bémol.
— de Sol dièze	— Do naturel.
— de La dièze	— Ré naturel.
— de Si dièze	— Mi naturel.
A partir de Ré bémol	— Sol double bémol.
— de Mi bémol	— La double bémol.
— de Fa bémol	— Si triple bémol.
— de Sol bémol	— Do double bémol.
— de La bémol	— Ré double bémol.
— de Si bémol	— Mi double bémol.
— de Do bémol	— Fa double bémol.

QUARTES MINEURES.

A partir de Do naturel   —   Fa naturel.
    —   de Ré naturel   —   Sol naturel.
    —   de Mi naturel   —   La naturel.
    —   de Fa naturel   —   Si bémol.
    —   de Sol naturel   —   Do naturel.
    —   de La naturel   —   Ré naturel.
    —   de Si naturel   —   Mi naturel.

A partir de Do dièze   —   Fa dièze.
    —   de Ré dièze   —   Sol dièze.
    —   de Mi dièze   —   La dièze.
    —   de Fa dièze   —   Si naturel.
    —   de Sol dièze   —   Do dièze.
    —   de La dièze   —   Ré dièze.
    —   de Si dièze   —   Mi dièze.

A partir de Ré bémol   —   Sol bémol.
    —   de Mi bémol   —   La bémol.
    —   de Fa bémol   —   Si double bémol.
    —   de Sol bémol   —   Do bémol.
    —   de La bémol   —   Ré bémol.
    —   de Si bémol   —   Mi bémol.
    —   de Do bémol   —   Fa bémo

QUARTES MAJEURES.

A partir de Do naturel   —   Fa dièze.
    —   de Ré naturel   —   Sol dièze.
    —   de Mi naturel   —   La dièze.
    —   de Fa naturel   —   Si naturel.
    —   de Sol naturel   —   Do dièze.
    —   de La naturel   —   Ré dièze.
    —   de Si naturel   —   Mi dièze.

A partir de Do dièze   — Fa double dièze.
—   de Ré dièze   — Sol double dièze.
—   de Mi dièze   — La double dièze.
—   de Fa dièze   — Si dièze.
—   de Sol dièze   — Do double dièze.
—   de La dièze   — Ré double dièze.
—   de Si dièze   — Mi double dièze.

A partir de Ré bémol   — Sol naturel.
—   de Mi bémol   — La naturel.
—   de Fa bémol   — Si bémol.
—   de Sol bémol   — Do naturel.
—   de La bémol   — Ré naturel.
—   de Si bémol   — Mi naturel.
—   de Do bémol   — Fa naturel.

QUINTES.

La quinte peut être mineure, majeure et augmentée.

La quinte mineure est composée de deux tons et de deux demi-tons, la quinte majeure comprend trois tons et un demi-ton, et la quinte augmentée trois tons et deux demi-tons.

QUINTES MINEURES.

A partir de Do naturel — Sol bémol.
—   de Ré naturel — La bémol.
—   de Mi naturel — Si bémol.
—   de Fa naturel — Do bémol.
—   de Sol naturel — Ré bémol.
—   de La naturel — Mi bémol.
—   de Si naturel — Fa naturel.

A partir de Do dièze   — Sol naturel.
—   de Ré dièze   — La naturel.
—   de Mi dièze   — Si naturel.
—   de Fa dièze   — Do naturel.
—   de Sol dièze   — Ré naturel.
—   de La dièze   — Mi naturel.
—   de Si dièze   — Fa dièze.

A partir de Ré bémol   — La double bémol.
—   de Mi bémol   — Si double bémol.
—   de Fa bémol   — Do double bémol.
—   de Sol bémol   — Ré double bémol.
—   de La bémol   — Mi double bémol.
—   de Si bémol   — Fa bémol.
—   de Do bémol   — Sol double bémol.

QUINTES MAJEURES.

A partir de Do naturel   — Sol naturel.
—   de Ré naturel   — La naturel.
—   de Mi naturel   — Si naturel.
—   de Fa naturel   — Do naturel.
—   de Sol naturel   — Ré naturel.
—   de La naturel   — Mi naturel.
—   de Si naturel   — Fa dièze.

A partir de Do dièze   — Sol dièze.
—   de Ré dièze   — La dièze.
—   de Mi dièze   — Si dièze.
—   de Fa dièze   — Do dièze.
—   de Sol dièze   — Ré dièze.
—   de La dièze   — Mi dièze.
—   de Si dièze   — Fa double dièze.

A partir de Ré bémol   — La bémol.
—   de Mi bémol   — Si bémol.
—   de Fa bémol   — Do bémol.
—   de Sol bémol   — Ré bémol.
—   de La bémol   — Mi bémol.
—   de Si bémol   — Fa naturel.
—   de Do bémol   — Sol bémol.

QUINTES AUGMENTÉES.

A partir de Do naturel — Sol dièze.
   — de Ré naturel — La dièze.
   — de Mi naturel — Si dièze.
   — de Fa naturel — Do dièze.
   — de Sol naturel — Ré dièze.
   — de La naturel — Mi dièze.
   — de Si naturel — Fa double dièze.

A partir de Do dièze — Sol double dièze.
   — de Ré dièze — La double dièze.
   — de Mi dièze — Si double dièze.
   — de Fa dièze — Do double dièze.
   — de Sol dièze — Ré double dièze.
   — de La dièze — Mi double dièze.
   — de Si dièze — Fa triple dièze.

A partir de Ré bémol — La naturel.
   — de Mi bémol — Si naturel.
   — de Fa bémol — Do naturel.
   — de Sol bémol — Ré naturel.
   — de La bémol — Mi naturel.
   — de Si bémol — Fa dièze.
   — de Do bémol — Sol naturel.

SIXTES.

La sixte peut être mineure, majeure et augmentée.

La sixte mineure comprend trois tons et deux demi-tons, la sixte majeure quatre tons et un demi-ton, et la sixte augmentée quatre tons et deux demi-tons.

SIXTES MINEURES.

A partir de Do naturel — La bémol.
— de Ré naturel — Si bémol.
— de Mi naturel — Do naturel.
— de Fa naturel — Ré bémol.
— de Sol naturel — Mi bémol.
— de La naturel — Fa naturel.
— de Si naturel — Sol naturel.

A partir de Do dièze — La naturel.
— de Ré dièze — Si naturel.
— de Mi dièze — Do dièze.
— de Fa dièze — Ré naturel.
— de Sol dièze — Mi naturel.
— de La dièze — Fa dièze.
— de Si dièze — Sol dièze.

A partir de Ré bémol — Si double bémol.
— de Mi bémol — Do bémol.
— de Fa bémol — Ré double bémol.
— de Sol bémol — Mi double bémol.
— de La bémol — Fa bémol.
— de Si bémol — Sol bémol.
— de Do bémol — La double bémol.

SIXTES MAJEURES.

A partir de Do naturel — La naturel.
— de Ré naturel — Si naturel.
— de Mi naturel — Do dièze.
— de Fa naturel — Ré naturel.
— de Sol naturel — Mi naturel.
— de La naturel — Fa dièze.
— de Si naturel — Sol dièze.

A partir de Do dièze   — La dièze.
—   de Ré dièze   — Si dièze.
—   de Mi dièze   — Do double dièze.
—   de Fa dièze   — Ré dièze.
—   de Sol dièze   — Mi dièze.
—   de La dièze   — Fa double dièze.
—   de Si dièze   — Sol double dièze.

A partir de Ré bémol   — Si bémol.
—   de Mi bémol   — Do naturel.
—   de Fa bémol   — Ré bémol.
—   de Sol bémol   — Mi bémol.
—   de La bémol   — Fa naturel.
—   de Si bémol   — Sol naturel.
—   de Do bémol   — La bémol.

SIXTES AUGMENTÉES.

A partir de Do naturel   — La dièze.
—   de Ré naturel   — Si dièze.
—   de Mi naturel   — Do double dièze.
—   de Fa naturel   — Ré dièze.
—   de Sol naturel   — Mi dièze.
—   de La naturel   — Fa double dièze.
—   de Si naturel   — Sol double dièze.

A partir de Do dièze   — La double dièze.
—   de Ré dièze   — Si double dièze.
—   de Mi dièze   — Do triple dièze.
—   de Fa dièze   — Ré double dièze.
—   de Sol dièze   — Mi double dièze.
—   de La dièze   — Fa triple dièze.
—   de Si dièze   — Sol triple dièze.

A partir de Ré bémol   — Si naturel.
—   de Mi bémol   — Do dièze.
—   de Fa bémol   — Ré naturel.
—   de Sol bémol   — Mi naturel.
—   de La bémol   — Fa dièze.
—   de Si bémol   — Sol dièze.
—   de Do bémol   — La naturel.

SEPTIÈMES.

La septième peut être diminuée, mineure, majeure et enharmonique.

La septième diminuée comprend trois tons et deux demi-tons; la septième mineure quatre tons et deux demi-tons, et la septième majeure cinq tons et un demi-ton; quant à la septième enharmonique, elle diffère de la septième majeure d'un *comma*.

SEPTIÈMES DIMINUÉES.

A partir de Do naturel   — Si double bémol.
—   de Ré naturel   — Do bémol.
—   de Mi naturel   — Ré bémol.
—   de Fa naturel   — Mi double bémol.
—   de Sol naturel   — Fa bémol.
—   de La naturel   — Sol bémol.
—   de Si naturel   — La bémol.

A partir de Do dièze   — Si bémol.
—   de Ré dièze   — Do naturel.
—   de Mi dièze   — Ré naturel.
—   de Fa dièze   — Mi bémol.
—   de Sol dièze   — Fa naturel.
—   de La dièze   — Sol naturel.
—   de Si dièze   — La naturel.

A partir de Ré bémol   — Do double bémol.
   — de Mi bémol   — Ré double bémol.
   — de Fa bémol   — Mi triple bémol.
   — de Sol bémol   — Fa double bémol.
   — de La bémol   — Sol double bémol.
   — de Si bémol   — La double bémol.
   — de Do bémol   — Si triple bémol.

SEPTIÈMES MINEURES.

A partir de Do naturel   — Si bémol.
   — de Ré naturel   — Do naturel.
   — de Mi naturel   — Ré naturel.
   — de Fa naturel   — Mi bémol.
   — de Sol naturel   — Fa naturel.
   — de La naturel   — Sol naturel.
   — de Si naturel   — La naturel.

A partir de Do dièze   — Si naturel.
   — de Ré dièze   — Do dièze.
   — de Mi dièze   — Ré dièze.
   — de Fa dièze   — Mi naturel.
   — de Sol dièze   — Fa dièze.
   — de La dièze   — Sol dièze.
   — de Si dièze   — La dièze.

A partir de Ré bémol   — Do bémol.
   — de Mi bémol   — Ré bémol.
   — de Fa bémol   — Mi double bémol.
   — de Sol bémol   — Fa bémol.
   — de La bémol   — Sol bémol.
   — de Si bémol   — La bémol.
   — de Do bémol   — Si double bémol.

SEPTIÈMES MAJEURES.

A partir de Do naturel   — Si naturel.
  —   de Ré naturel   — Do dièze.
  —   de Mi naturel   — Ré dièze.
  —   de Fa naturel   — Mi naturel.
  —   de Sol naturel   — Fa dièze.
  —   de La naturel   — Sol dièze.
  —   de Si naturel   — La dièze.

A partir de Do dièze   — Si dièze
  —   de Ré dièze   — Do double dièze.
  —   de Mi dièze   — Ré double dièze.
  —   de Fa dièze   — Mi dièze.
  —   de Sol dièze   — Fa double dièze.
  —   de La dièze   — Sol double dièze.
  —   de Si dièze   — La double dièze.

A partir de Ré bémol   — Do naturel.
  —   de Mi bémol   — Ré naturel.
  —   de Fa bémol   — Mi bémol.
  —   de Sol bémol   — Fa naturel.
  —   de La bémol   — Sol naturel.
  —   de Si bémol   — La naturel.
  —   de Do bémol   — Si bémol.

SEPTIÈMES ENHARMONIQUES

(Non employées dans la pratique par le motif indiqué pour les sciences enharmoniques.)

A partir de Do naturel — Ré double bémol ou Si double dièze.
  —   de Ré naturel — Mi double bémol ou Do double dièze.
  —   de Mi naturel — Fa bémol ou Ré double dièze.
  —   de Fa naturel — Mi dièze ou Sol double bémol.
  —   de Sol naturel — Fa double dièze ou La double bémol.
  —   de La naturel — Sol double dièze ou Si double bémol.
  —   de Si naturel — Do bémol ou La double dièze.

A partir de Do dièze   — Ré bémol ou Si double dièze.
—   de Ré dièze   — Mi bémol ou Fa double bémol.
—   de Mi dièze   — Ré triple dièze ou Sol double bémol.
—   de Fa dièze   — Sol bémol ou Mi double dièze.
—   de Sol dièze   — La bémol ou Si double bémol.
—   de La dièze   — Si bémol ou Do double bémol.

OCTAVES.

**Ne pouvant être ni majeures ni mineures et comprenant cinq tons
et deux demi-tons.**

A partir de Do naturel   — Do naturel.
—   de Ré naturel   — Ré naturel.
—   de Mi naturel   — Mi naturel.
—   de Fa naturel   — Fa naturel.
—   de Sol naturel   — Sol naturel.
—   de La naturel   — La naturel.
—   de Si naturel   — Si naturel.

A partir de Do dièze   — Do dièze.
—   de Ré dièze   — Ré dièze.
—   de Fa dièze   — Fa dièze.
—   de Sol dièze   — Sol dièze.
—   de La dièze   — La dièze.

A partir de Ré bémol   — Ré bémol.
—   de Mi bémol   — Mi bémol.
—   de Sol bémol   — Sol bémol.
—   de La bémol   — La bémol.
—   de Si bémol   — Si bémol.

Quoique les doubles dièzes et les doubles bémols soient la dernière limite d'extension pratique des sons naturels chromatiques et enharmoniques, il se rencontre cependant des cas où, pour former théoriquement certains intervalles, il nous a fallu remplacer les sons sur-aigus appelés double dièzes par d'autres sons d'un degré d'acuité supérieur appelés triples dièzes, et les sons extra-graves par d'autres sons encore plus graves appelés triples bémols.

C'est ainsi, par exemple, que nous avons pu établir d'une manière précise la seconde augmentée de Mi dièze (Fa triple dièze), car nous ne pouvions employer pour la désigner Sol dièze ou La bémol. De même, la quarte diminuée de Fa bémol a été indiquée par Si triple bémol, la quinte augmentée de Si dièze par Fa triple dièze, la sixte augmentée de Si dièze par Sol triple dièze, la septième diminuée de Do bémol par Si triple bémol, et la septième diminuée de Fa bémol par Mi triple bémol.

Il faut se garder de confondre entre eux les intervalles qui, embrassant le même nombre de degrés, produisent sur les instruments tempérés le même son pour l'oreille, puisque sur ces instruments leurs tendances attractives disparaissent.

Tels sont : la tierce mineure (Do naturel, Mi bémol) et la seconde augmentée (Do naturel, Ré dièze).

La sixte mineure (Do naturel, La bémol) et la quinte augmentée (Do naturel, Sol dièze).

La septième mineure (Do naturel, Si bémol) et la sixte augmentée (Do naturel, La dièze), etc.

Outre que les premiers appartiennent à une tonalité déterminée, tandis que les seconds ne sont que le résultat de deux tonalités opposées, le son bémolisé a une tendance vers le son inférieur et le son diézé vers le son supérieur; il y a donc un *comma* de différence entre eux.

La gamme majeure ne renferme que des intervalles majeurs et mineurs; il en est de même de la gamme mineure.

Les théoriciens qui tiennent, au mépris des lois qui régissent le genre diatonique, à adopter la seconde forme de la gamme mineure et à la présenter comme modèle de ce mode, indiquent la seconde augmentée (Fa naturel, Sol dièze) et la quinte augmentée (Do naturel, Sol dièze), ainsi que la quarte diminuée (Sol dièze, Do naturel) et la septième diminuée (Sol dièze, Fa naturel), intervalles qui sont compris dans la gamme mineure produite sous cette forme, sous le nom d'intervalles *maximes* et *minimes*, afin de ne pas violer la règle qui réserve aux intervalles formés avec les éléments de deux tonalités étrangères la qualification d'*augmentés* et *diminués*.

Les gammes chromatiques ne renferment, en dehors des intervalles désignés sous le nom de *demi-tons chromatiques* et formés à l'aide des dièzes et des bémols, que la seconde augmentée, la septième diminuée, la tierce diminuée et la sixte augmentée.

Quant à la gamme enharmonique, qui renferme tous les sons primitifs, diézés, bémolisés et enharmoniques, elle n'a guère produit, comme intervalles à elle propre, que la seconde et la septième enharmoniques; mais l'application du système tempéré met dans l'impossibilité de reproduire ces intervalles sur les instruments à sons fixes.

Les intervalles majeurs et mineurs sont seuls d'un usage continuel en musique. Quant aux intervalles augmentés, la seconde, la quinte et la sixte s'emploient assez fréquemment. Parmi les intervalles diminués, il faut citer aussi la tierce diminuée, et surtout la septième diminuée, d'un fréquent usage.

Tout intervalle mineur a quatre ou cinq commas de moins que l'intervalle auquel il correspond, selon que le dernier demiton qui entre dans sa formation est diatonique ou chromatique.

L'intervalle augmenté a cinq commas de plus que l'intervalle majeur contre lequel on le mesure, et l'intervalle diminué cinq commas de moins.

D. Outre les modifications déjà signalées, les intervalles peuvent-ils se prêter à de nouvelles combinaisons ?

R. Oui; par le déplacement de l'un des membres qui les composent.

D. Comment appelle-t-on cette opération ?

R. Renversement.

Ainsi, dans les intervalles de Do à Ré, de Do à Mi, etc., au lieu de prendre Do pour point de départ, on peut prendre Ré et Mi, et dire en renversant les termes : de Ré à Do, de Mi à Do. On appelle complément d'un intervalle ce qu'il faut y ajouter pour former une octave avec le son pris comme point de départ de cet intervalle.

D. Tous les intervalles peuvent-ils se renverser ?

R. Oui ; ainsi la seconde renversée produit la septième pour complément ; la tierce produit la sixte ; la quarte, la quinte ; la quinte, la quarte ; la sixte, la tierce ; la septième, la seconde.

L'unisson, ou l'absence de tout intervalle, renversé, produit l'octave.

Remarquons, toutefois, qu'un intervalle renversé subit une modification opposée à celle sous laquelle il s'était présenté avant cette opération. Voici, du reste, l'opposition symétrique du renversement de chacun des intervalles.

Tout intervalle majeur renversé produit un intervalle mineur, les diminués deviennent augmentés, et les augmentés deviennent diminués.

APPLICATION DE CE PRINCIPE.

La seconde majeure, par son renversement, produit une septième mineure ; la seconde augmentée, une septième diminuée ; enfin, la seconde diminuée ou enharmonique produit la septième augmentée enharmonique.

La tierce majeure produit la sixte mineure ; la tierce mineure une sixte majeure, et la tierce diminuée la quarte augmentée.

La quarte majeure produit la quinte mineure ; la quarte mineure la quinte majeure, et la quarte diminuée la quinte augmentée.

La quinte majeure produit la quarte mineure ; la quinte mineure la quarte majeure, et la quinte diminuée la quarte augmentée.

La sixte majeure produit la tierce mineure ; la sixte mineure la tierce majeure, et la sixte augmentée la tierce diminuée.

La septième majeure produit la seconde mineure ; la septième mineure la seconde majeure ; la septième diminuée la seconde augmentée, et la septième enharmonique la seconde enharmonique.

La production exacte, au moyen de la voix, des différents intervalles, d'après la position qu'ils occupent dans les différentes échelles auxquelles ils appartiennent, constitue l'*intonation*.

D. Comment obtenir d'une manière précise l'intonation des intervalles d'une gamme ?

R. En prenant pour régulateur un son fixe invariable, obtenu au moyen d'un instrument d'acier appelé *diapason* et dont les vibrations donnent le La.

Le mot diapason a aussi une autre acception en musique : il s'emploie pour désigner la place plus ou moins élevée qu'occupe un genre de voix ou d'instrument dans l'échelle générale des sons.

CHAPITRE QUATRIÈME.

————•◦•————

D. Comment appelle-t-on les signes graphiques dont on se sert pour représenter les sons?

R. Notes.

D. Y a-t-il différentes espèces de notes?

R. Oui; l'on en compte sept espèces usitées aujourd'hui.

Voici leur nom et leur figure :

La ronde ⚬, la blanche ♩, la noire ♩, la croche ♪,

la double-croche ♪, la triple-croche ♪, et la quadruple-croche ♪.

Chacune d'elles est destinée à représenter non-seulement les sons, mais aussi leur valeur ou durée.

Ainsi, la ronde considérée comme unité (c'est celle qui a le plus de valeur), est divisible en deux blanches ou moitié de l'unité, ou quatre noires quart de l'unité, ou huit croches hui-

tième partie de l'unité, ou seize doubles croches seizième partie
de l'unité, ou trente-deux triples croches trente-deuxième partie
de l'unité, ou soixante-quatre quadruples croches soixante-
quatrième partie de l'unité ; ce qui revient à dire que chacune
des notes qui sont une subdivision de la ronde n'a en durée
qu'une quantité de temps égale à la fraction que représente
cette note par rapport à la ronde considérée comme unité.

Chaque espèce de note qui a servi de division à la ronde peut
aussi se subdiviser elle-même jusqu'à la quadruple croche-exclu-
sivement. Pour cela il suffira de se rappeler, en suivant l'ordre
de succession indiqué plus haut, que chacune vaut le double de
celle qui suit. Ainsi une blanche vaudra deux noires, ou quatre
croches, ou huit doubles croches, ou seize triples croches, où
trente-deux quadruples croches ; une noire vaudra deux croches,
ou quatre doubles croches, ou huit triples croches, ou seize
quadruples croches ; une croche vaudra deux doubles croches,
ou quatre triples croches, ou huit quadruples croches, etc.

On rencontre souvent, dans la musique ancienne, la maxime
■—, la longue ⌐—⌐ et la brève ⌐⌐ qui équivaut à deux
rondes. Quelques auteurs emploient dans la musique moderne
cette valeur sous cette figure |⊜|.

Plusieurs croches réunies peuvent s'indiquer, dans la musique
instrumentale ou dans la musique vocale, quand elles se pro-
noncent sur une même syllabe, de la manière suivante :

pour deux croches ♪♪ , pour quatre croches ♪♪♪♪

Il en est de même pour les doubles, triples et quadruples
croches, en observant d'employer un double, triple ou quadruple chevron pour les représenter, au lieu d'un chevron
simple.

Enfin, l'on rencontre souvent dans la musique instrumentale, afin d'éviter la répétition trop fréquente des mêmes notes représentant les mêmes valeurs, les signes abréviatifs suivants :

pour deux croches ♪ , pour quatre croches ♩,

ou simplement pour les croches ▬ ,

pour les doubles-croches ▬ ,

pour les triples-croches ▬ , pour les quadruples-croches ▬.

D. La disposition des valeurs de notes par le nombre pair deux et ses multiples constitue-t-il un ordre désigné par un nom particulier ?

R. Oui; l'on donne à cette division le nom de *division binaire.*

D. Cette division est-elle la seule en usage ?

R. Non; il y a aussi la *division ternaire,* c'est-à-dire procédant par trois; elle est souvent employée sous la forme du *triolet* ou de son composé le *sextolet.*

D. Qu'est-ce qu'un triolet et un sextolet ?

R. Le triolet est un groupe de trois notes de nature semblable, ayant la même durée que deux de la même espèce.

Le sextolet est composé de six notes ayant la durée de quatre de même espèce, il se produit dans les mêmes conditions que le triolet.

Le chiffre 3 ou 6 qui les surmonte indique, dans tous les cas, la division à laquelle ils appartiennent.

Quoique les divisions binaire et ternaire soient seules en usage, il existe cependant certains groupes irréguliers qui ne peuvent être classés parmi elles et que l'on est convenu de désigner par le chiffre indicatif du nombre qu'ils représentent. On leur assigne pour durée la valeur de la note dont ils tiennent la place.

EXEMPLE :

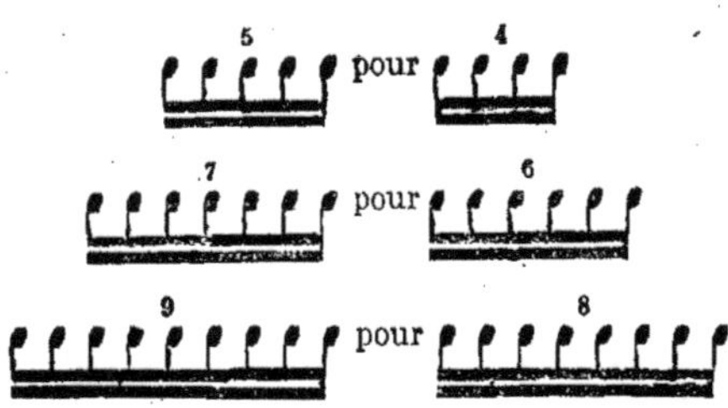

Ces exemples suffiront pour faire comprendre les autres sous-divisions irrégulières.

D. Peut-on augmenter la valeur des notes?

R. Oui; au moyen de deux signes : la *liaison* et le *point*.

D. Qu'est-ce qu'une liaison?

R. C'est un signe figuré par un demi-cercle ⌒ et unissant deux sons de même intonation en une seule.

D. Où place-t-on le point?

R. Après une note; son effet est de l'augmenter de la moitié de sa valeur ou durée.

L'écriture musicale manquant d'un signe spécial pour représenter les tiers, on a dû, pour y suppléer, employer celui des moitiés, en lui adjoignant un augmentatif, le point.

C'est ainsi que l'unité de durée pour la division ternaire est représentée par une ronde pointée pouvant se diviser en trois blanches, ou six noires, ou douze croches, ou vingt-quatre doubles croches, ou quarante-huit triples croches, ou quatre-vingt-seize quadruples croches.

D. Peut-on mettre plusieurs points de suite?

R. Oui ; cependant l'on n'en emploie pas plus de trois ; dans ce cas la seconde a la valeur de la moitié du premier, et le troisième la moitié de celle du second.

EXEMPLE :

D. Existe-t-il une plus longue prolongation ?

R. Oui ; celle que l'on obtient au moyen du *point d'orgue* dont voici la figure ⌢ C'est un repos dont la durée dépend de la volonté de l'exécutant.

D. Où place-t-on les notes, pour peindre aux yeux le degré qu'elles représentent ?

R. Sur un assemblage désigné sous le nom de *portée*, composé de cinq lignes horizontales et quatre interlignes se comptant de bas en haut.

EXEMPLE :

Il est inutile de faire observer que les queues prolongeant les notes peuvent être en dessus ou en dessous de la portée sans rien changer à la valeur de la note ; il est pourtant d'usage, pour la régularité de l'écriture musicale, de les placer au-dessous à partir de la troisième ligne.

Après la substitution des notes aux lettres de l'alphabet, dont on se servait dans le principe pour représenter les sons musicaux, et lorsqu'après de nombreux essais successifs la portée fut enfin constituée, on se servit de onze lignes et de dix interlignes pour représenter à la vue les sons qui, au nombre de vingt-trois, composaient le clavier général des voix dans une étendue de trois octaves et un degré, à partir du Fa grave au Sol aigu.

EXEMPLE :

On comprend aisément qu'afin de pouvoir assigner une place fixe aux différents sons contenus dans cette portée générale, on ait dû avant tout se préoccuper d'inventer un moyen qui les fît aisément reconnaître.

Ce moyen consista à placer sur l'un des échelons de la portée un signe de convention, appelé *clef,* portant le nom d'un des degrés de la gamme, afin que non-seulement ce signe servît à désigner le nom des notes qui seraient sur la même ligne que lui, mais encore l'appellation des autres sons, d'après leur degré de proximité ou d'éloignement du premier.

Le sixième échelon fut choisi pour remplir cet office; la clef qui lui servait d'attribut porta le nom de *clef de Do.*

Quoiqu'on ait pu, à la rigueur, avec cette seule indication, reconnaître et écrire les vingt-trois sons dont nous avons parlé, une seule clef parut insuffisante pour les besoins de la lecture musicale, et l'on ajouta à la portée générale deux autres signes de même nature, l'un dans la région supérieure et l'autre dans la région inférieure.

C'est ainsi que la clef placée sur le huitième échelon reçut le nom de *clef de Sol,* et celle placée sur le quatrième celui de *clef de Fa.*

La portée générale fut donc ainsi constituée au moyen de trois clefs : la clef de Fa, la clef de Sol et la clef de Do.

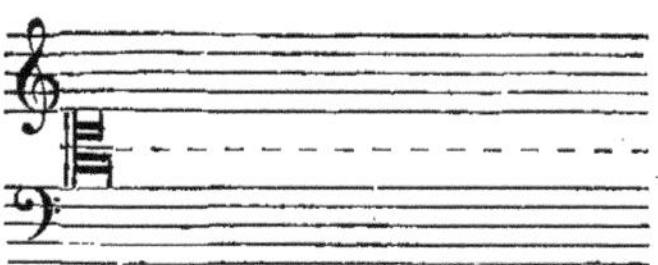

Mais comme alors chaque genre de voix, dans ses limites les plus naturelles, ne comptait pas plus de onze degrés, on pensa avec raison qu'un nombre de lignes moins considérable que celui qui existait déjà offrirait une simplification pour la lecture musicale, en même temps qu'il serait suffisant pour indiquer les sons contenus dans chaque série.

On détacha donc de la portée générale une portée partielle composée de cinq lignes et quatre interlignes, et, pour compléter les onze degrés qu'elle devait renfermer, on convint d'asseoir une note au-dessous et au-dessus de la première et dernière ligne.

Et comme il y avait sept genres de voix, on reproduisit un nombre égal de parties partielles en prenant successivement pour point de départ chacune des lignes de la portée générale, en commençant par la première jusqu'à la septième inclusivement, tout en conservant le signe indicatif affecté à la partie du clavier dont elle était extraite.

Enfin, une seule clef fut reconnue suffisante pour chacun de ces assemblages, dont quelques-uns, sans cette modification, eussent pu se présenter munis de deux et même de trois clefs.

On conserva donc la clef de Fa pour les voix de basse et de baryton, avec cette différence que pour cette dernière voix la clef, au lieu de se trouver placée sur la 4e ligne, se trouva sur la 3e. Quant à la clef de Do, employée pour les voix de ténor et de haute-contre pour les hommes, de contralto et de mezzo-soprano chez les femmes, on la plaça sur la 4e ligne quand il s'agît d'indiquer le diapason du ténor, sur la 3e quand elle dût représenter celui de la haute-contre, enfin sur la 2e pour le contralto et la 1re pour le mezzo-soprano, la clef de Sol étant invariablement réservée au soprano.

Les instruments, de leur côté, à cette époque, avaient une étendue proportionnelle aux voix, et la partie qui était affectée à celles-ci pouvait aussi leur suffire.

Chaque genre de voix se succédait, dans l'ordre que nous venons d'indiquer, de tierce en tierce en montant, en prenant pour point de départ le Fa grave de la voix de la basse.

Cependant le diapason de chaque genre de voix ne tarda pas à être outrepassé dans ses limites et atteignit bientôt le chiffre d'une treizième, en même temps que la haute-contre, devenant de jour en jour plus rare, tendait à disparaître entièrement, ce qui est arrivé depuis.

Cette nouvelle extension de la limite des voix, jointe au besoin qu'éprouvaient quelques corps artificiels pour l'indication de certains sons qui leur étaient propres d'un espace moins restreint que les cinq lignes de la portée, donnèrent l'idée d'ajouter à cette portée de petites lignes supplémentaires qui, formant un tout avec la note qui y était jointe, la rendissent ainsi plus facile à distinguer.

EXEMPLE :

Enfin, pour éviter un trop grand nombre de lignes supplémentaires, on écrivit les sons encore plus élevés une octave au-dessous de la position réelle qu'ils devaient occuper, en indiquant qu'ils appartenaient à une série plus aiguë par le mot *octava*, ou simplement ce signe abréviatif 8ª suivi d'une petite chaîne tremblée placée au-dessus de la portée.

Pour les sons plus bas on les écrivit une octave au-dessus de leur position réelle, en indiquant qu'ils appartenaient à une série plus grave par le mot *octava*, ou ce signe, 8ª, placé au-dessous de la portée et également suivi d'une chaîne tremblée, et le mot *loco* (en place) indiqua la fin de cette substitution momentanée.

D. Les trois clefs de Sol, de Do et de Fa sont-elles les seules employées dans la musique moderne ?

R. Oui; mais comme plusieurs d'entre elles ont des positions différentes, il est d'absolue nécessité d'étudier le nombre de formes sous lesquelles elles peuvent se rencontrer.

La clef de Sol, dont voici la figure 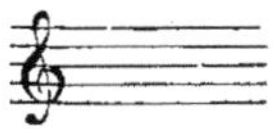 se place sur la 2ᵉ ligne.

C'est celle du soprano ou premier dessus et des voix d'enfant qui, comme nous l'avons dit, par la nature de leur timbre, chantent dans la même région que le soprano.

Son diapason est le même que celui de la clef de Do première ligne, avec laquelle on rencontre cependant plus généralement écrites les parties affectées à ce genre de voix, surtout chez les compositeurs Italiens.

C'est aussi, dans la musique instrumentale, la clef des violons et des instruments aigus : flûte, hautbois, clarinette, etc.

La petite flûte emploie également aujourd'hui la clef de Sol deuxième ligne, avec cette particularité que, par la nature de l'instrument, elle rend les sons une octave plus hauts qu'ils ne sont écrits. Cette différence d'octave est la même que celle produite par une voix de femme ou d'enfant chantant avec un ténor à l'unisson cette clef. L'effet contraire a lieu pour la guitare, qui emploie aussi la clef de Sol deuxième ligne. Dans l'orchestration moderne on s'en sert aussi pour les cors dans les différentes tonalités; dans ee cas, pourtant, le son produit par ces instruments est, comme pour la guitare, de huit notes au-dessous du véritable diapason de la clef de Sol.

Appellation des notes sur la clef de SOL deuxième ligne.

Etendue de la voix de soprano. — Diapason de la clef qui la représente.

Quelques *soprani* dépassent cette étendue et peuvent aller jusqu'au contre-Ré.

On se servait autrefois de la clef de Sol première ligne dans la musique instrumentale, mais comme elle donnait la même appellation que la clef de Fa quatrième ligne, à l'exception du degré d'élévation (deux octaves plus bas), elle est aujourd'hui complètement abandonnée.

Cette clef s'employait, dans les anciennes partitions, pour les instruments sur-aigus de l'orchestre.

La clef de Do, dont voici la figure   ou   a quatre positions différentes : elle se place sur la première, deuxième,
troisième et quatrième ligne. On les distingue en disant clef de
Do première ligne, clef de Do deuxième ligne, clef de Do troisième ligne et clef de Do quatrième ligne.

La première forme sous laquelle se présente la clef de Do,
dans cet exemple, est employée de préférence pour la musique
vocale, tandis que la seconde est spécialement destinée à la
musique instrumentale. Il est entendu que cette observation
s'applique à la clef de Do en général, quelle que soit sa position.

CLEF DE DO PREMIÈRE LIGNE.

Cette clef représente, comme nous l'avons déjà dit, le même
diapason que la clef de Sol deuxième ligne dans le clavier
général des voix.

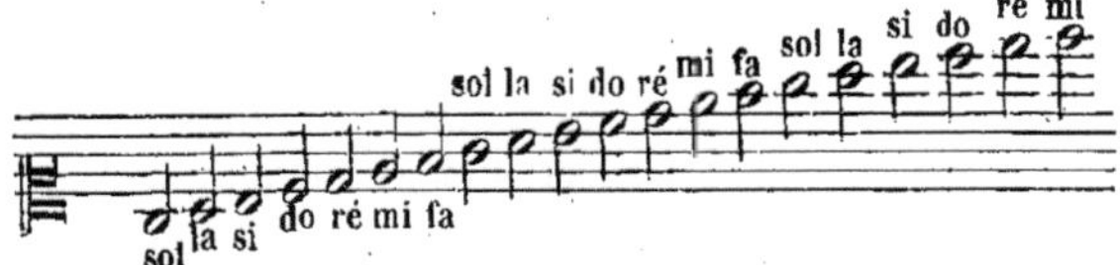

*Division correspondant à la voix de soprano, indistinctement
désignée avec cette clef ou la clef de Sol 2e ligne.*

Cette clef servait autrefois pour le mezzo-soprano.

CLEF DE DO DEUXIÈME LIGNE.

La clef de Do deuxième ligne était aussi jadis affectée au mezzo-soprano et au contralto. Aujourd'hui qu'elle est remplacée dans le premier cas par la clef de Do première ligne ou la clef de Sol deuxième ligne, et dans le second par la clef de Do troisième ligne, son usage devient presque nul.

Le seul instrument qui l'emploie encore est le cor anglais, encore souvent l'écrit-on en clef de Sol deuxième ligne.

Appellation des notes avec cette clef.

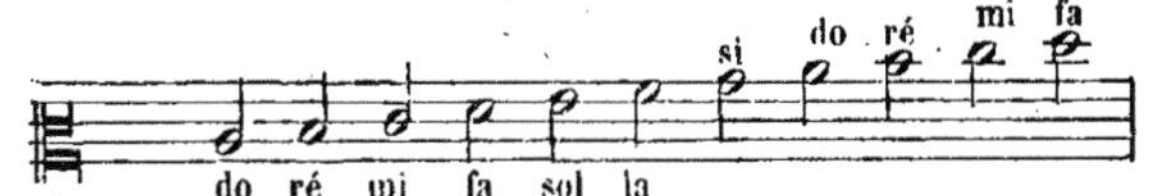

CLEF DE DO TROISIÈME LIGNE.

La clef de Do troisième ligne est consacrée, dans l'orchestre, à l'alto et au trombonne alto.

Dans la musique vocale, elle est spécialement affectée au contralto, voix grave de la femme et des enfants, et servait autrefois pour la haute-contre des hommes, ou alto; ce genre de voix sur-aiguë qui, comme nous l'avons déjà dit, a aujourd'hui complètement disparu, occupait dans l'échelle musicale la même région que le contralto des femmes. Il ne faut pas, toutefois, perdre de vue que la voix grave de la femme chante les sons indiqués pour la clef de Do troisième ligne une octave plus bas qu'ils ne paraissent représentés à la vue par rapport à ceux de la clef de Sol deuxième ligne et de la clef de Do première ligne pris comme point de comparaison.

Appellation des notes avec cette clef.

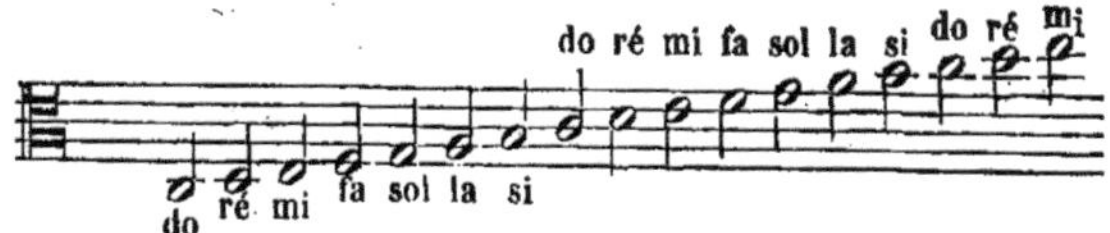

Etendue ordinaire de la voix de contralto.

Ancien diapason de la haute-contre ou alto.

Dans le cas où un soprano chanterait une partie de contralto il devrait, pour produire l'effet écrit, exécuter les sons une octave plus bas.

CLEF DE DO QUATRIÈME LIGNE.

La clef de Do quatrième ligne représente le diapason du ténor et, quoique les notes désignées avec cette clef semblent, à l'œil, figurer, à la différence d'un degré supérieur près, la même élévation que celles de la clef de Sol deuxième ligne, de même que pour le contralto, la différence d'une octave les sépare.

Appellation des notes avec cette clef.

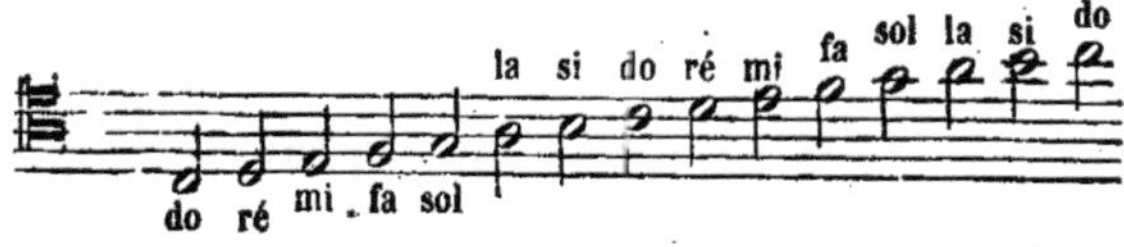

Etenduè de la voix de ténor.

Et quelquefois

Cette clef est aussi celle du *trombonne-ténor* et sert au violoncelle et au basson pour les sons aigus.

La clef de Fa, dont voici la figure 𝄢 a deux positions différentes : elle se place sur la troisième et sur la quatrième ligne; on les distingue en disant clef de Fa troisième ligne et clef de Fa quatrième ligne.

Quoique la clef de Fa troisième ligne ne soit guère aujourd'hui en usage, nous allons cependant indiquer l'appellation des notes qu'elle peut former :

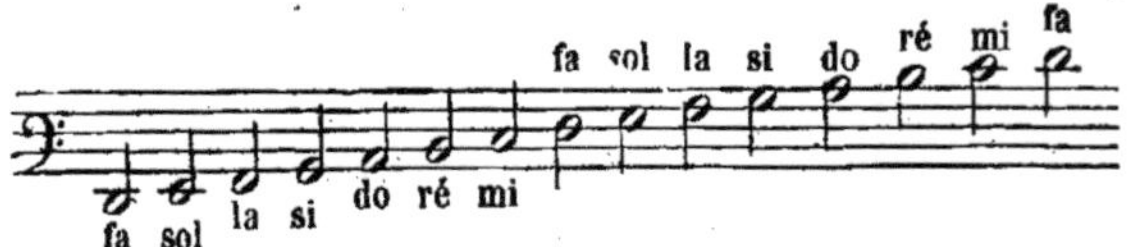

Cette clef était spécialement affectée au baryton; aujourd'hui la clef de Fa quatrième ligne remplit cet office.

Appellation des notes avec la clef de FA quatrième ligne.

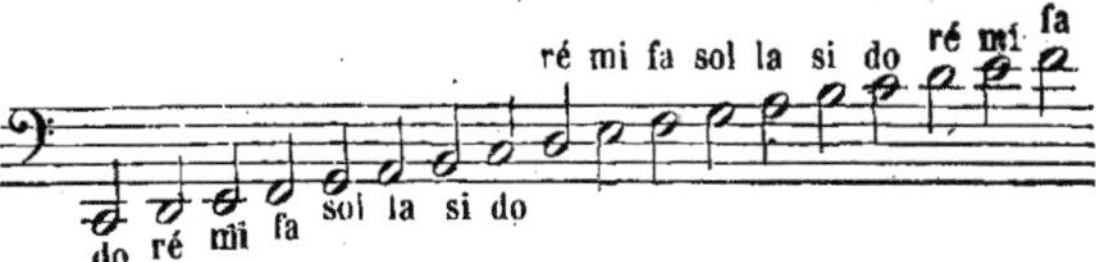

Etendue de la voix de basse-taille.

Etendue de la voix de baryton.

Cette clef sert aussi au violoncelle et au basson pour les sons graves; au trombonne, à la basse, à l'ophicléide et à la contrebasse, qui exécute sur cette clef les notes une octave plus bas que leur position réelle.

Réunie à la clef de Sol, elle sert aussi pour le piano, la harpe et l'orgue, et comme sur ces instruments, où la portée supérieure est affectée à la main droite et la portée inférieure à la main gauche, l'on est parfois forcé d'employer un assez grand nombre de lignes supplémentaires, nous avons cru devoir indiquer ici quelques sons identiques, désignés indifféremment par l'une ou l'autre clef :

D'après ce qui précède, nous avons vu que de nos jours les clefs ne sont pas toutes employées sur les différentes lignes où elles se trouvaient autrefois; dans la musique instrumentale, comme dans la musique vocale, quelques-unes même ont disparu, puisque cinq seulement sont en usage, savoir : la clef de Sol deuxième ligne, la clef de Do première, deuxième et quatrième lignes, et la clef de Fa quatrième ligne.

Encore la clef de Sol est-elle fréquemment employée dans les partitions modernes, là où devrait figurer la clef de Do.

Quant aux voix qui devraient toujours être renfermées dans les limites d'une treizième, elles l'outrepassent de beaucoup, si l'on en juge par les œuvres musicales publiées en France depuis longtemps.

D. Etablissez le rapport des clefs et des voix entre elles.

R. Les sons identiques de la clef de Sol deuxième ligne et de la clef de Do première ligne sont à l'octave supérieure de ceux de la clef de Do quatrième ligne, et la clef de Do troisième ligne est à l'octave de la clef de Fa quatrième ligne; ce qui revient à dire que le soprano correspond au ténor une octave plus haut, le mezzo-soprano au baryton dans les mêmes conditions, et le contralto donne une série plus élevée de huit notes que la basse; enfin le ténor chante une octave au-dessus de la basse et une au-dessous du soprano.

Si l'étendue de chaque genre de voix s'est accrue vers l'aigu, la délimitation, à partir du son fondamental, est toujours restée la même. Ainsi la voix de basse, qui est la plus grave, commence-t-elle toujours la série par le Fa au-dessous de la portée, le baryton lui succède une tierce plus haut, c'est-à-dire à partir du La, et le ténor à partir du Do. — Ici la lacune ouverte par la disparition de la haute-contre est comblée par les sons sur-aigus du ténor, et le contralto commence toujours la série des femmes par le Sol grave, le mezzo-soprano ou deuxième dessus par le Si tierce supérieure et le soprano ou premier dessus par le Ré.

Au commencement de la portée, immédiatement après la clef, on est dans l'habitude de placer le nombre de dièzes ou de bémols constitutifs du ton où l'on se trouve ; cela s'appelle armer la clef. Les signes composant cette armure produisent leur effet sur tous les sons qui se trouvent sur la ligne où ils sont placés et les affectent pendant la durée de la tonalité qu'ils représentent.

Voici la figure de ces signes :

♯ dièse, 𝄪 ou 𝄪 double dièse ; ♭ bémol, ♭♭ double bémol ; ♮ bécarre

TABLEAU

indicatif des différentes tonalités avec leur armure.

1 dièse.

2 dièses.

3 dièses.

4 dièses.

5 dièses.

6 dièses.

7 dièses.

Nous avons vu, que pour la formation des gammes, les dièze se succédaient à partir du Fa, adopté pour point de départ, de quinte en quinte en montant, et les bémols de quinte en quinte en descendant, à partir du Si.

Si l'on n'a pu conserver à l'œil, dans l'écriture musicale, l'indication précise de cette succession ascendante et descendante, c'est afin de renfermer, autant que possible, dans les limites de la portée les dièzes et bémols constitutifs et éviter toute confusión.

Pour trouver, à la simple inspection, le ton d'une gamme majeure formée avec le secours des dièzes, il faut chercher le degré qui suit le dernier dièze placé à la clef, ce dièze indiquant toujours la septième note de la gamme. Ainsi, avec un dièze qui se place devant le Fa on est en Sol majeur, avec deux dièzes en Ré, etc.

Quant aux gammes majeures formées avec le secours des

bémols, il suffit de se rappeler que l'avant-dernier bémol placé
à la clef indique toujours la tonique de la gamme cherchée.
Ainsi, avec deux bémols, dont le premier se place devant le Si
et le second devant le Mi, on est en Si bémol majeur ; avec trois
bémols, dont le premier se place devant le Si, le second devant
le Mi et le troisième devant le La, on est en Mi bémol majeur, etc.

Il faut seulement se rappeler que le bémol qui sert de point
de départ, et qui est placé devant le Si, constitue le ton de Fa
majeur, de même qu'il ne faut pas perdre de vue que la gamme
majeure qui n'emploie aucun dièze ni bémol pour sa formation,
est celle de Do.

Il résulte de ce qui précède, que l'on peut toujours reconnaître quel est le ton d'un morceau de musique écrit dans le
mode majeur par le nombre de dièzes ou de bémols qu'il renferme, ou enfin par l'absence de ces signes.

D. Les gammes mineures s'indiquant par le même nombre de
dièzes et de bémols que les gammes majeures auxquelles elles
correspondent, comment reconnaître la différence des deux
modes ?

R. En cherchant les sons distinctifs qui caractérisent chacun
d'eux, c'est-à-dire la tonique et la tierce.

Quoique la *sixte* soit aussi rangée parmi les notes *modales*,
nous ferons remarquer que, dans le mode mineur, la sixte
mineure ne doit apparaître régulièrement que dans la période
descendante de la gamme de ce mode ; et si dans la notation
usuelle elle figure à l'armure diézée ou bémolisée de la clef, c'est
qu'il fallait nécessairement choisir une forme d'indication précise et que la période descendante a prévalu au détriment de la
période ascendante, sauf à employer, pour établir celle-ci, les
accidents nécessaires.

La quinte étant un intervalle de même nature dans les deux
modes, a servi, en lui adjoignant la tierce de la tonique et la

tonique elle-même et sa répétition à l'octave, à former ce que l'on est convenu d'appeler en harmonie l'*accord parfait*.

Nous venons déjà, pour le mode majeur, d'indiquer le moyen de trouver la tonique dans les sons diézés et bémolisés; pour arriver au même résultat dans les gammes mineures il ne s'agit que de connaître la septième, ou note sensible du mode mineur, conduisant naturellement à la tonique.

Le nombre de degrés qui entrent dans la composition d'une tierce, détermine suffisamment la qualité de cet intervalle.

D. Outre les dièzes et les bémols constitutifs d'une tonalité, peut-on en rencontrer d'accidentels?

R. Oui; et cela a lieu précisément dans les gammes mineures, où la note sensible n'est indiquée que par un signe de cette espèce, et ensuite par l'effet des *modulations*.

Du reste, ces signes accidentels n'ont qu'un effet momentané sur les notes devant lesquelles ils se trouvent placés.

Les compositeurs anciens étaient dans l'habitude de mettre à la clef un bémol de moins que les modernes dans les tons mineurs, se réservant de le placer accidentellement dans le cours du morceau. Dans ce cas, c'était toujours évidemment le dernier bémol qui était supprimé. Ainsi, pour l'indication de Sol mineur, ils mettaient le Si bémol seulement à la clef.

Pour changer l'armure d'un son majeur comprenant au moins trois dièzes, en mineur de même tonique, il faut supprimer ces trois dièzes. Si, dans d'autres tonalités, le nombre de dièzes était supérieur au chiffre trois, on devrait retrancher toujours le nombre indiqué précédemment, mais en ayant soin de commencer par le dernier. Enfin, deux dièzes se remplacent par un bémol, et un seul dièze par deux bémols.

Quant aux armures bémolisées, il s'agit d'ajouter, pour obtenir la même transformation du majeur au mineur de même tonique, trois bémols soit à la tonalité qui en est privée, soit à celle qui en possède un plus ou moins grand nombre.

D. A quoi sert la connaissance des clefs aujourd'hui inusitées ?

R. A une opération musicale très-essentielle, la *transposition*.

D. Qu'est-ce que transposer ?

R. C'est transporter dans une échelle plus grave ou plus aiguë un morceau de musique quelconque.

Il y a deux sortes de transpositions : la transposition écrite, c'est-à-dire la transposition pure et simple de ce morceau au moyen des notes d'une autre gamme, et la transposition mentale appliquée à la lecture, consistant à se figurer idéalément une autre clef que celle qui est présente, ainsi que les nouveaux signes nécessaires à la tonalité que l'on a choisie. On conçoit la possibilité de cette opération à cause de la relation existant, malgré les intervalles qui les séparent, entre les sons des différentes clefs qui ne composent qu'un clavier commun de sons identiques, quoique ayant différentes formes d'expression figurée. Le changement de clef opère tout naturellement le changement de place des sons sur la portée, et, par suite, celui de la tonalité.

Si l'on veut, par exemple, transposer mentalement ce fragment de mélodie, écrit dans le ton de Do majeur avec la clef de Sol deuxième ligne,

un demi-ton au-dessus, c'est-à-dire en Ré bémol majeur, on devra supposer une clef de Do troisième ligne avec une armure de cinq bémols.

EXEMPLE :

Si l'on veut transposer, au contraire, ce même fragment d'un ton au-dessus, c'est-à-dire en Ré majeur, la clef de Do troisième ligne remplira cet office, l'armure seule changera et emploiera deux dièzes au lieu de cinq bémols.

Pour transposer un demi-ton au-dessous, c'est-à-dire en Si majeur, on devra supposer la clef de Do quatrième ligne avec cinq dièzes pour armure; si c'était d'un ton au-dessous, on devrait supposer la même clef, mais l'armure serait celle du ton de Si bémol, c'est-à-dire que deux bémols devraient remplacer les cinq dièzes.

En continuant ainsi nous verrons que pour transposer d'une tierce majeure supérieure on devra supposer mentalement la clef de Fa quatrième ligne avec quatre dièzes pour armure.

EXEMPLE :

Si au lieu de Mi naturel on eut voulu transposer en Mi bémol majeur, la clef de Fa serait toujours celle que l'on devrait supposer, seulement l'armure, au lieu d'employer quatre dièzes, aurait trois bémols.

EXEMPLE :

Pour transposer de trois degrés au-dessous, c'est-à-dire en La majeur, on devra supposer la clef de Do première ligne avec une armure de trois dièzes.

Si l'on prenait au contraire La bémol pour tonique de la transposition choisie, au lieu de La naturel, la clef de Do première ligne serait toujours celle qu'on devrait supposer, mais on substituerait quatre bémols aux trois dièzes.

Si on veut transposer d'une quarte supérieure, on devra se servir de la clef de Do deuxième ligne avec un bémol pour armure.

EXEMPLE :

Si l'on prenait Fa dièze pour tonique, la clef serait la même, mais au lieu d'un bémol l'on devrait employer six dièzes.

EXEMPLE :

Pour transposer à la quarte inférieure, c'est-à-dire en Sol majeur, on supposera une clef de Fa troisième ligne avec un dièze pour armure.

EXEMPLE :

Si au lieu de Sol naturel on eut pris Sol bémol pour tonique de la phrase à transposer, l'armure eut dû être composée de six bémols au lieu d'un dièze ; quant à la clef elle n'eut pas dû être changée.

Pour transposer à la quinte inférieure, c'est-à-dire en Fa

majeur , on devrait supposer une clef de Do troisième ligne avec
un bémol ou six dièzes pour armure , selon qu'on prendra pour
tonique Fa naturel ou Fa dièze.

En transposant d'une sixte supérieure , on devra supposer la
clef de Do première ligne avec trois dièzes pour armure.

EXEMPLE :

Si l'on prenait La bémol pour tonique de la phrase à transposer, au lieu de La naturel, il faudrait, tout en conservant la
même clef, substituer quatre bémols aux trois dièzes.

Pour transposer à la sixte inférieure , c'est-à-dire en Mi
majeur, il faudrait supposer une clef de Fa quatrième ligne avec
quatre dièzes ou trois bémols à l'armure, selon que la tonique
choisie serait Mi naturel ou Mi bémol.

Enfin, en transposant d'une septième supérieure, on supposera
une clef de Do quatrième ligne avec cinq dièzes pour armure.

EXEMPLE :

Si l'on prenait Si bémol pour tonique de la phrase à transposer, au lieu de Si naturel, on devrait faire usage de la même
clef, mais seulement changer l'armure, qui, au lieu de cinq
dièzes, contiendrait deux bémols.

Enfin, pour transposer d'une septième inférieure, c'est-à-dire
en Ré majeur, on devrait supposer une clef de Do deuxième
ligne avec deux dièzes ou cinq bémols, selon que la tonique
choisie serait Ré naturel ou Ré bémol.

Les exemples qui précèdent nous ont fait voir les notes conservant leur position première, la clef seule ayant changé, ainsi que les signes constitutifs nécessités pour la production de telle ou telle tonalité. Il est évident que dans ce genre de transpositions on ne doit regarder les différentes clefs employées que comme un moyen de lecture, sans tenir compte des différences d'élévation ou d'abaissement que représentent les sons employés par rapport au genre de clef dont elles sont affectées.

C'est un inconvénient qui se reproduit assez fréquemment dans la transposition mentale, et auquel l'intelligence de l'exécutant ne peut manquer de remédier avec facilité, en plaçant les sons transposés dans leur vrai diapason.

Quant à la transposition écrite, la clef du son primitif est conservée pour le ton transposé; dans ce dernier cas les notes seules changent de position, ainsi que les signes constitutifs de la tonalité choisie.

EXEMPLE DE TRANSPOSITION ÉCRITE

En prenant pour modèle la phrase donnée plus haut, écrite en Do majeur.

Transposition à un ton supérieur.

Transposition à un ton au-dessous.

Transposition à deux tons supérieurs (une tierce)
(Toujours à partir de Do majeur).

Transposition d'un ton et demi plus bas
(Toujours à partir de Do majeur).

Même exemple, en La bémol.

Voilà plus d'exemples qu'il n'en faut pour faire comprendre en quoi consiste ce dernier genre de transposition.

Dans la transposition écrite, comme dans la transposition mentale, on devra également apporter un soin extrême aux différentes modifications que devront subir les signes accidentels, afin de conserver exactement la distance relative que doivent avoir les sons de la tonalité modèle avec ceux de la tonalité choisie.

Il en résultera que souvent un dièze accidentel sera remplacé par un bécarre, tandis que dans d'autres cas le bécarre sera remplacé par un dièze ou un bémol, simple ou double; dans certaines circonstances, le double dièze sera substitué au dièze simple et le double bémol au simple bémol.

Nous avons dû nous convaincre, par les exemples qui précèdent, que l'étude des sept clefs est indispensable pour la transposition. Ajoutons que cette opération elle-même est d'une utilité incontestable, surtout dans la musique instrumentale, car si la voix peut facilement prendre une tonique à différentes hauteurs, il n'en est pas de même des instruments.

Il ne faut pas perdre de vue, enfin, que la transposition consistant dans un changement de tonalité, on ne peut évidemment transposer un mode dans un autre mode.

D. Existe-t-il, en musique, une interruption momentanée des sons?

R. Oui; et c'est cette interruption que l'on appelle *silence*. L'absence de chaque valeur de note est remplacée par un signe qui lui est propre, ce qui porte le nombre de ces signes à sept.

Voici leurs différentes figures :

La pause est le silence de la ronde; elle se place sous la quatrième ligne :

La demi-pause est le silence d'une blanche; elle se place au-dessus de la troisième ligne :

Le soupir, ou quart de pause, est le silence de la noire; voici comment on le représente :

Le demi-soupir, ou huitième de pause, est le silence de la croche :

Le quart de soupir, ou seizième de pause, est le silence de la double croche :

Le demi-quart de soupir, ou trente-deuxième de pause, est le silence de la triple croche :

Le seizième de soupir, ou soixante-quatrième de pause, est le silence de la quadruple croche :

On peut augmenter la durée du silence, au moyen de points et de doubles points, comme celle des valeurs de notes. Cependant la pause, la demi-pause et le soupir ne se pointent jamais.

Le point d'orgue peut enfin se placer sur toute espèce de silence pour les prolonger à volonté; dans ce cas on le désigne spécialement par le nom de *point d'arrêt*.

CHAPITRE CINQUIÈME.

———○○○———

D. Comment l'oreille distingue-t-elle la mesure en musique ?

R. Par le retour périodique d'un ordre *d'intensité* affecté à une suite de fractions de même coupe dont se composent les différentes parties d'un tout musical.

D. De quelle manière se produit cet ordre d'intensité ?

R. Le son régulateur par excellence étant le son fort, c'est lui dont la présence indique le commencement d'une mesure.

Or, ce son fort peut être suivi ou d'un son faible ou de deux sons faibles, ce qui établit deux modes de division pour la comparaison desquels on a adopté une unité de durée appelée *temps.*

D'où il suit que la mesure qui contient un son fort et un son faible est désignée sous le nom de mesure à deux temps ou binaire, et celle qui contient un son fort et deux sons faibles sous celui de mesure à trois temps ou ternaire.

Il existe encore un troisième mode de division quaternaire consacré par l'usage et désigné sous le nom de mesure à quatre temps. Cette mesure contient un son fort suivi d'un son faible, plus un autre son fort suivi d'un son faible. Il est facile de se convaincre que c'est une forme déguisée de la mesure à deux temps.

La distance d'un son fort à un autre son fort, représentant une mesure, est indiquée à la vue par deux barres verticales placées en travers de la portée. On appelle mesure finale celle qui est terminée par une double barre.

EXEMPLE :

Si l'on doit répéter un nombre plus ou moins considérable de mesures, deux points placés en dedans de la double barre en sont le signe indicatif.

EXEMPLE :

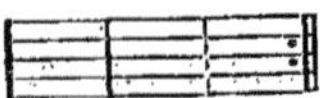

A moins que le mot *da capo* ou son abréviatif D. C. ne remplisse cet office. Enfin un renvoi sous cette forme 𝄋 nécessite le retour vers une figure de même nature.

Quatre espèces de notes, la ronde, la blanche, la noire et la croche servent à représenter l'unité de durée, c'est-à-dire le temps binaire, divisible par deux et les multiples de deux; ces mêmes espèces de notes suivies d'un point représentent l'unité de durée ternaire, c'est-à-dire le temps divisé par trois. Car de même que les mesures se partagent en temps égaux, de même aussi les temps se divisent en parties égales avec la possibilité de les combiner par moitiés ou par tiers. Les moitiés et les tiers peuvent à leur tour se diviser en quarts et en sixièmes, les quarts et les sixièmes en huitièmes et en douzièmes, les huitièmes et les douzièmes en seizièmes et vingt-quatrièmes, etc.

On rencontre toutefois dans les mesures à temps binaires des fractions ternaires, tandis que le contraire n'a jamais lieu dans les mesures à temps ternaires.

Nous connaissons donc, d'une part, trois formes de mesures : la mesure à deux temps, la mesure à trois temps et la mesure à quatre temps; nous savons, d'autre part, que la ronde, la blanche, la noire et la croche sont appelées à leur formation dans l'ordre binaire, et que la ronde pointée, la blanche pointée, la noire pointée et la croche pointée sont destinées au même usage dans l'ordre ternaire, avec cette différence que chaque temps sera formé de trois tiers.

On peut en conclure que le système général des mesures repose sur vingt-quatre espèces.

D. Comment indique-t-on à la vue le nombre de temps contenus dans une mesure, ainsi que l'espèce de note prise pour unité de temps dans cette mesure ?

R. Par deux chiffres ou par un signe de convention destiné à y suppléer. Ces chiffres ou ce signe se placent au commencement d'un morceau, immédiatement après la clef ou son armure, quand elle en possède.

Dans les mesures binaires ils représentent, savoir : le premier (le numérateur) en combien de parties égales la mesure est divisée, et le second (le dénominateur) l'espèce de note affectée à chacune de ces parties, en prenant pour unité de durée la ronde.

Toutefois, la suppression, dans la pratique, d'une partie des 24 mesures qu'embrasse le système général, a fait également modifier la manière de les écrire. C'est ainsi que des deux chiffres employés pour leur traduction, un seul, dans certains cas, a été conservé, et que, dans d'autres cas, une lettre a remplacé même toute espèce de chiffre.

Le tableau général que nous allons formuler, nous indiquera, au fur et à mesure qu'elles se présenteront, les irrégularités de ce genre admises par l'usage.

MESURES EMPLOYANT L'UNITÉ BINAIRE.

La ronde prise pour temps.

MESURE A 2 RONDES.

L'entier est représenté par le chiffre 1, et le chiffre 2 indique la quantité de ces entiers contenus dans la mesure.

MESURE A 3 RONDES.

MESURE A 4 RONDES.

SUBDIVISION DU TEMPS AFFECTÉ A CES MESURES.

Division binaire.

2 blanches, ou 4 noires, ou 8 croches, ou 16 doubles croches.

Division ternaire, employée exceptionnellement.

3 blanches, ou 6 noires, ou 12 croches, ou 24 doubles croches.

Ces trois espèces de mesures ne sont pas employées aujourd'hui. Cependant on rencontre, dans la musique religieuse ancienne, la mesure à deux rondes fréquemment employée et désignée sous le nom de mesure *alla brève*.

SUITE DE LA DIVISION BINAIRE.

La blanche prise pour temps.

MESURE A 2 BLANCHES.

Le deuxième chiffre indique que ce sont des moitiés de l'entier, et le chiffre supérieur en apprend la quantité.

Quand on dit qu'une mesure à deux temps contient deux blanches de leurs sous-divisions, c'est-à-dire deux noires par temps, ou quatre croches, etc., il n'en résulte pas qu'on ne puisse employer dans ce genre de mesure une valeur supérieure à la blanche, puisque nous savons que dans la musique moderne il y a sept espèces de notes usitées, et que la ronde, celle qui a le plus de durée, peut se résoudre en deux blanches; il est évident que deux blanches réunies peuvent également se représenter par une ronde.

MESURE A 3 BLANCHES.

MESURE A 4 BLANCHES.

SUBDIVISION DU TEMPS AFFECTÉ A CES MESURES.

Division binaire.

2 noires, ou 4 croches, ou 8 doubles croches, ou 16 triples croches.

Division ternaire, employée exceptionnellement.

3 noires, ou 6 croches, ou 12 doubles croches, ou 24 triples croches.

De ces trois espèces de mesures la mesure à deux blanches, appelée simplement mesure à deux temps, est seule en usage de nos jours, et on est dans l'habitude de l'indiquer par le chiffre 2 seul ou un C barré placé au commencement de la portée.

EXEMPLE :

SUITE DE LA DIVISION BINAIRE.

La noire prise pour un temps,

Le deuxième chiffre indique que ce sont des quarts de l'entier qui figurent dans la mesure, et le premier chiffre en représente la quantité.

L'observation que nous avons faite pour la mesure à deux blanches peut encore ici recevoir son application, les deux noires ayant la faculté de se résoudre en une blanche.

Enfin, dans la mesure à trois noires qui suit, leur réunion peut également s'indiquer par une blanche pointée.

Cette manière de procéder est applicable à toutes les formes de mesures employées.

MESURE A 3 NOIRES.

MESURE A 4 NOIRES.

SUBDIVISION DU TEMPS AFFECTÉ A CES MESURES.

Division binaire.

2 croches, ou 4 doubles croches, ou 8 triples croches, ou 16 quadruples croches.

Division ternaire employée exceptionnellement.

3 croches, ou 6 doubles croches, ou 12 triples croches, ou 24 quadruples croches.

Ces quatre espèces de mesures sont d'un usage fréquent dans la musique moderne, seulement la mesure à 3 noires, appelée simplement mesure à 3 temps, est souvent indiquée par le chiffre 3 seul. Il en est de même du mode d'indication de la mesure à 4 noires, appelée mesure à 4 temps, qui emploie le chiffre 4 seul ou bien la lettre C, comme la mesure à 2 blanches, à cette seule différence près que cette lettre n'est pas coupée par une barre verticale.

EXEMPLES.

MESURE A 3 NOIRES.

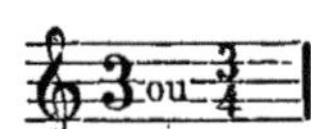

MESURE A 4 NOIRES.

SUITE DE LA DIVISION BINAIRE.

La croche prise pour temps.

MESURE A 2 CROCHES.

Le premier chiffre indique que la mesure est divisée en deux parties égales, et le second que ce sont des huitièmes de l'entier qui composent ses parties.

MESURE A 3 CROCHES.

MESURE A 4 HUITIÈMES.

SUBDIVISION DU TEMPS AFFECTÉ A CES MESURES.

Division binaire.

2 doubles croches, ou 4 triples croches, ou 8 quadruples croches.

Division ternaire employée exceptionnellement.

3 doubles croches, ou 6 triples croches, ou 12 quadruples croches.

Ces quatre espèces de mesures ne sont pas employées de nos jours.

MESURES EMPLOYANT L'UNITÉ TERNAIRE.

L'absence de signes spéciaux, en musique, pour écrire les tiers ayant déjà été constatée, il nous reste à ajouter que, pour l'indication par chiffres numériques des mesures appartenant à la division ternaire, le numérateur n'indiquera plus le nombre d'unités contenues dans la mesure, mais bien celui des tiers.

Il en résulte que le numérateur 6 exprime toujours la division par deux, le chiffre 9 la division par trois et le chiffre 12 la division par quatre, seulement ces 6, 9 ou 12 tiers seront représentés par des blanches, des noires, des croches ou des doubles croches, selon que la ronde pointée, la blanche pointée, la noire pointée ou la croche pointée seront prises pour unité de durée. Il en sera de même des dénominateurs 2, 4, 8 ou 16 qui serviront à désigner les fractions de la ronde.

EXEMPLES :

La ronde pointée prise pour unité, division en deux, trois et quatre temps composés chacun de trois tiers.

Mesure à six-deux (forme binaire).

Mesure à neuf-deux (forme ternaire).

Mesure à douze-deux (forme quaternaire).

Division du temps affecté à ces mesures.

6 blanches, ou 12 noires, ou 24 croches.

Ces trois sortes de mesures ne sont plus en usage.

La blanche pointée prise pour unité de temps.

FORME BINAIRE.

Mesure à 6 noires divisée en deux groupes de 3, désignée sous le nom de mesure à six-quatre.

Mesure à neuf-quatre (forme ternaire).

Mesure à douze-quatre (forme quaternaire).

Division du temps affecté à ces mesures.

6 noires, ou 12 croches, ou 24 doubles croches.

La mesure à six-quatre est seule conservée de ces trois formes, encore son usage de nos jours est-il peu fréquent.

La noire prise pour unité de temps.

Mesure à six-huit (forme binaire).

Mesure à neuf-huit (forme ternaire).

Mesure à douze-huit (forme quaternaire).

Division ternaire du temps affecté à ces mesures.

6 croches, ou 12 doubles croches, ou 24 triples croches.

Ces trois espèces de mesures sont d'un fréquent usage dans la musique moderne.

La croche pointée prise pour unité de temps.

Mesure à six-seize (forme binaire).

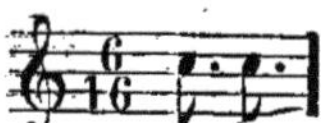

Mesure à neuf-seize (forme ternaire).

Mesure à douze-seize (forme quaternaire).

Division ternaire du temps affecté à ces mesures.

6 doubles croches, ou 12 triples croches, ou 24 quadruples croches.

De ces trois sortes de mesures, celle à neuf-seize est la seule employée de nos jours, encore l'est-elle rarement.

D'après ce qui précède, il est facile de se convaincre qu'une grande partie des mesures figurant au tableau général ont été abandonnées; on peut ajouter qu'à la rigueur on pourrait sans inconvénient pousser la réduction jusqu'aux trois formes appartenant à l'unité binaire et aux trois formes appartenant à l'unité ternaire.

On est dans l'habitude d'appeler mesures simples les mesures à 2, 3 et 4 temps binaires, et mesures composées celles à 2, 3 et 4 temps ternaires. Il est inutile d'insister sur la puérilité d'une pareille qualification, les tiers n'étant pas logiquement plus *composés* que les moitiés. Malheureusement l'usage est un grand maître auquel on sacrifie trop parfois.

Remarquons, en passant, l'usage d'une espèce de mesure appelée à cinq temps, mais comme en réalité ce n'est qu'une mesure à trois temps binaires suivie d'une autre mesure à deux temps également binaires, nous avons cru devoir nous borner à la signaler sans la considérer comme le produit d'un nouvel ordre de choses.

Tout le système des mesures binaires et ternaires repose donc sur un ensemble de temps divisible par deux et par trois.

Il en résulte que deux sortes de mesures peuvent employer les mêmes valeurs et être tout-à-fait dissemblables, quant à l'ordre des fractions qui la composent. Ainsi les 6 croches d'une mesure à six-huit appartiennent à une coupe toute différente que les 6 croches employées comme sous-division d'une mesure à trois-quatre. Il est du reste à remarquer que les mesures ayant 6 pour numérateur indiquent toujours une division appartenant à l'ordre ternaire, et que celles qui ont 3 pour numérateur représentent au contraire une division par deux, c'est-à-dire appartenant à l'ordre binaire.

Si les diverses formes de division que peuvent subir les temps d'une mesure offrent une grande facilité aux compositeurs pour multiplier les effets musicaux, il faut dire que les silences, de leur côté, contribuent puissamment à cette variété.

Signalons toutefois, en passant, une irrégularité relative à la durée de la pause, c'est que celle-ci s'emploie non-seulement comme silence de la ronde, mais encore comme silence de toute espèce de mesure sans avoir égard aux valeurs qu'elle contient.

D. Comment le silence de plusieurs mesures se traduit-il ?

R. Par les figures suivantes :

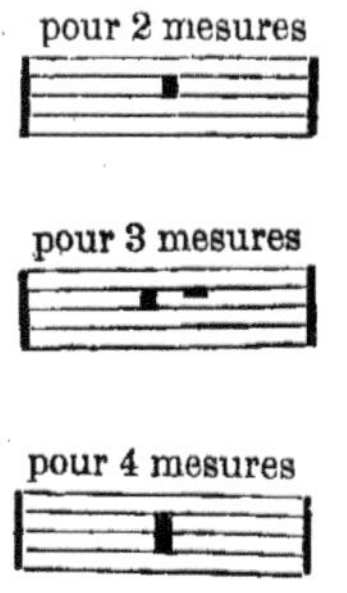

En les combinant de différentes manières on peut représenter un espace assez considérable de mesures vides. Cependant si l'on a un grand nombre de pauses à indiquer, ce qui arrive assez fréquemment dans la musique d'orchestre, on se sert alors de deux lignes transversales, en ayant soin de les surmonter de chiffres indiquant la quantité de mesures à compter.

EXEMPLE :

120

D. Le degré d'intensité se fait-il remarquer dans les divisions et subdivisions des temps binaires et ternaires ?

R. Sans doute ; ainsi dans la division des temps binaires en deux parties, la première partie est toujours forte et la seconde faible ; dans les subdivisions par quatre et par huit, les chiffres pairs indiquent le son fort et les chiffres impairs le son faible. Il en est de même de la subdivision des temps ternaires par six et par douze, où le son fort est toujours indiqué par le chiffre impair. Nous avons vu que dans la forme présentée par trois tiers, le premier seul était fort et les deux autres faibles.

Les temps faibles et les parties faibles d'un temps s'appellent contre-temps. Ces contre-temps sont employés fréquemment sous diverses formes d'accompagnements ; dans ce cas, les temps forts sont marqués par les parties graves et le contre-temps est coupé aux parties supérieures.

Il existe pourtant un cas assez souvent répété en musique où la mélodie même nous offre l'exemple de contre-temps produit par l'emploi des *syncopes*.

D. Qu'est-ce qu'une *syncope* ?

R. C'est un dérangement dans l'ordre d'intensité des fractions que nous venons d'indiquer, d'où il résulte qu'un temps est coupé par un autre temps au moyen de la prolongation du premier ou d'une partie du premier sur le second ou sur une partie du second.

Il y a donc syncope toutes les fois qu'une valeur de note porte à la fois sur deux temps ou demi-temps, de manière à emprunter à chacun d'eux une partie de la durée qu'elle représente.

Si la syncope est renfermée dans une mesure, elle est naturellement traduite par une note de valeur plus grande entre

deux de valeur plus petite; si au contraire, et c'est la seconde
forme sous laquelle on puisse la rencontrer, elle a lieu du
dernier temps ou demi-temps d'une mesure au premier temps
ou demi-temps de celle qui suit, c'est la liaison qui sert à
l'indiquer.

La syncope est toujours posée sur deux notes de même intonation réunies dans une seule émission et elle doit invariablement porter sur le temps fort; dans le cas contraire, ce ne serait
qu'une simple prolongation du son, appelée *tenue*, ne produisant
aucun changement d'accentuation et ne contrariant pas, par
cela même, l'ordre régulier d'intensité des temps.

EXEMPLES DE DIFFÉRENTES SYNCOPES.

SYNCOPES RENFERMÉES DANS LA MESURE.

AUTRE SYNCOPE.

On appelle *syncopes égales* celles obtenues par deux notes
d'égale valeur; l'exemple ci-dessus nous offre une régularité
complète à cet égard. Il existe cependant une autre espèce de
syncope appelée *syncope brisée*, ainsi dénommée parce que les
deux notes qui servent à sa formation sont d'une égale valeur.

En voici deux exemples :

Dans la musique ancienne on rencontre parfois le point

employé pour désigner une syncope du dernier temps d'une
mesure au premier de la mesure suivante, sous cette forme :

Le meilleur moyen de se rendre compte d'une syncope est de
faire la sous-division des valeurs qui la constituent.

On appelle *battre la mesure*, le fait ou l'action d'indiquer, avec
la plus parfaite égalité, les temps qui la composent, à l'aide de
la main, du pied ou d'une baguette.

Dans toutes les mesures, le premier temps se marque en frap-
pant ; cependant, si un morceau de musique commence, ce qui
peut arriver, par une fraction de note (fraction qui souvent
complète la mesure finale), cette fraction s'indique par un
coup en levant, à moins qu'on ne batte la mesure entière en
comptant *en blanc*, c'est-à-dire en silence, les temps et fractions
de temps qui manquent.

Les mesures à deux temps, de coupe binaire et ternaire, se
marquent par un coup frappé et l'autre levé.

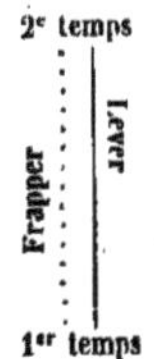

Cependant la mesure à six temps, dans les mouvements lents,
se marque souvent de cette manière :

6ᵉ temps.

5ᵉ temps.

1ᵉʳ temps.   4ᵉ temps.

2ᵉ temps.

3ᵉ temps.

La mesure à trois temps, de coupe binaire, se bat ainsi :

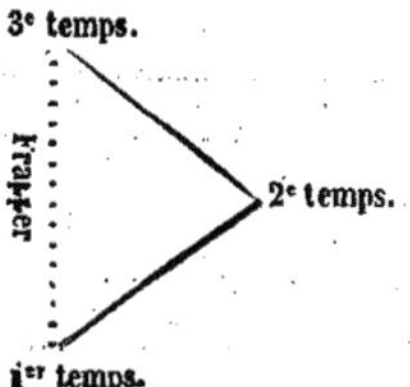

Les mesures à temps ternaires appartenant à la même division s'indiquent également par trois coups, dont le premier frappe, le second à droite et le troisième en l'air, en réunissant toutefois trois tiers en un seul groupe.

Dans certaines circonstances de célérité extrême, on bat toute espèce de mesure à trois temps par un seul coup, fortement accentué, de haut en bas.

Les mesures à quatre temps, de coupe binaire et ternaire, classées dans la même division, s'indiquent par un premier coup frappé, un second à gauche, un troisième à droite et un quatrième en l'air.

EXEMPLE :

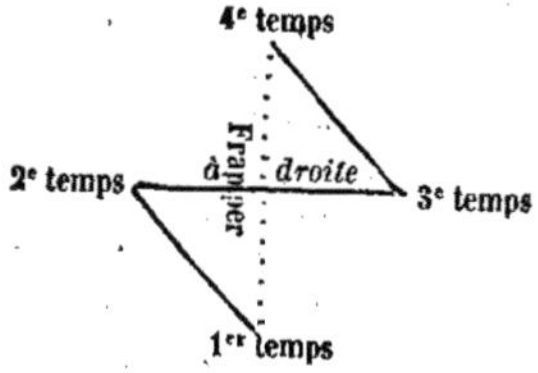

L'observation faite pour les mesures à trois temps, relativement à la réunion des tiers par groupes de trois, reçoit bien entendu ici son application, comme pour les mesures où elle est employée.

D. Qu'est-ce que le *rhythme* ?

R. C'est la régularité d'un ordre symétrique, se reproduisant au moyen des différentes combinaisons que peuvent fournir les valeurs de note. Le rhythme est totalement indépendant de la mesure.

D. Comment désigne-t-on le degré de vitesse ou de lenteur des valeurs contenues dans les différentes mesures qui forment un morceau de musique ?

R. Par le mot *mouvement*. Le mouvement offre à la mesure, ainsi qu'au rhythme, des moyens de variété infinis.

D. Combien y a-t-il de sortes de mouvements ?

R. Trois principaux : les mouvements *lents*, les mouvements *modérés* et les mouvements *vifs*.

D. Comment les indique-t-on ?

R. Par les mots italiens dont voici la liste, ainsi que celle des subdivisions auxquelles ces trois séries ont donné naissance.

MOUVEMENTS LENTS.

Largo (Largement), c'est le plus lent de tous les mouvements.
Larghetto (Modification du *largo*).
Lento (Lentement).
Adagio (Commodément).

MOUVEMENTS MODÉRÉS.

Andante (En marchant), posément.
Andantino (Modification de l'*andante*).
Tempo giusto (Temps moyen), ni trop vite, ni trop lent.
Moderato (Modérément).

MOUVEMENTS VIFS.

Allegro (Joyeusement).
Allegretto (Modification de l'*Allegro*).
Vivace (Alertement).
Presto (Prestement).
Prestissimo (Le plus vite possible).

7

On indique aussi certains mouvements particuliers par ces mots :

Tempo di menuetto (Mouvement du menuet).
Tempo di marcia (Mouvement de marche).
Tempo di polaca (Mouvement de polonaise).
Tempo di bolero (Mouvement de bolero).

A ces indications de mouvement se joignent aussi parfois des augmentatifs et des diminutifs, désignés par ces mots :

Un poco piu (Un peu plus).
Non troppo (Pas trop).
Molto assai (Beaucoup plus).

Enfin, si l'on veut dans le cours d'un morceau s'écarter momentanément du mouvement primitif, en pressant ou en ralentissant une phrase musicale, c'est-à-dire un fragment de mélodie, on l'indique par ces mots :

Accelerando (En pressant), ou simplement *acc.*
Piu stretto (Plus serré).
Rallentando (En ralentissant), ou simplement *rall.*

Les mots *a tempo* indiquent le retour vers le mouvement primitif.

Pour préciser d'une manière mathématique la régularité d'un mouvement, on se sert d'un instrument de physique appelé *métronome*, qui donne l'échelle graduée de tous les mouvements.

D. Comment désigne-t-on la différence de force ou de douceur dont les sons musieaux sont susceptibles, eu égard à leur intensité ?

R. Par le mot *nuances*.

Les nuances s'obtiennent par les variétés de l'accent qui sont au nombre de trois :

1o Les signes d'expression ;
2o La graduation de force du son ;
3o Les modifications du son.

SIGNES D'EXPRESSION.

En voici la liste indiquée par des mots italiens.

Con anima (Avec âme).

Con moto (Avec chaleur).

Agitato (Agité).

Simplice (Simplement).

Brillante (D'une manière brillante).

Delicamente (Délicatement).

Con fuoco (Avec feu).

Con forza (Avec force).

Scherzando (En badinant, c'est-à-dire légèrement).

A piacere ou *ad libitum* (A volonté ou simplement *ad lib.*).

GRADUATION DE FORCE DU SON.

Fortissimo ou *FF* (Très-fort).

Forte ou *F* (Fort).

Sforzando ou *rinforzando*, ou bien ce signe abréviatif *S F* ou *R F* (En forçant).

Pianissimo ou *PP* (Très-doux).

Piano ou *P* (Doux).

Forte piano ou *F P* (La première note forte, la deuxième faible).

Piano forte ou *P F* (La première note faible, la deuxième forte).

Crescendo ou *cresc.* (En augmentant le son).

On indique aussi cette nuance par la figure ci-contre

Diminuendo ou *dim.*, *decrescendo* ou *decresc.* (En diminuant le son).

On indique aussi cette nuance par la figure ci après

Enfin la réunion de ces deux signes ———————— est un indice pour enfler graduellement le son pendant la première moitié du signe et le diminuer dans les mêmes proportions pendant l'autre moitié.

Perdendosi (En laissant éteindre le son).

MODIFICATIONS DU SON.

Elles sont au nombre de trois principales, produites par le *legato*, le *staccato* et le *vibrato*.

Le legato, qui se marque ainsi ⌢ , indique qu'il faut couler les notes qu'il recouvre. Ce n'est plus une simple liaison réunissant, comme nous l'avons déjà vu, deux sons de même intonation en un seul son, c'est au contraire une succession de notes appartenant aux différents degrés de l'échelle musicale, mais liées les unes aux autres.

Le staccato s'indique par des petits points de différentes formes surmontant les notes qui doivent recevoir cette accentuation.

Lorsque les points se présentent ainsi . . . . c'est un signe indiquant que chaque son doit être détaché. (Ce genre de staccato se rencontre souvent dans la musique de violon.) Si, au contraire, ils ont cette forme ' ' ' ' ' ' ' les sons devront être piqués lourdement. Enfin, l'on rencontre parfois la première espèce de staccato réunie à la liaison sous la forme ci-contre ⌢...... Cette indication, particulière aux instruments à cordes, consiste dans l'action de marquer d'une manière particulière, tout en les réunissant par un même coup d'archet, les notes qui sont surmontées de ce double signe.

Le vibrato, qui se marque ainsi >>> indique que l'accentuation du son doit être vibrante.

On pourrait encore ajouter le *pizzicato*, espèce de modification du son, obtenue sur les instruments à archet par le pincement de la corde (lorsque le pizzicato doit cesser, on l'indique par le mot *col arco*), et le *tremolo*, battement précipité produit sur les instruments à cordes par un coup d'archet particulier, et sur les instruments à clavier par l'emploi successif et rapide d'au moins deux touches.

D. Existe-t-il encore d'autres moyens de varier l'expression ?

R. Oui; et pour cela on a recours aux ornements mélodiques. On les représente par des notes et par des signes.

D. Quels sont ces ornements?

R. L'*appogiature*, le *grupetto*, le *trille*, les *arpéges* et les *fioritures*.

D. Qu'est-ce que l'*appogiature*?

R. C'est un ornement qui s'indique par une petite note étrangère placée un demi-ton au-dessus ou au-dessous de la note principale et ne comptant pas comme valeur dans la mesure. Elle demande, dans l'exécution, à être appuyée; sa durée est la moitié de celle de la note qu'elle précède.

EXEMPLE :

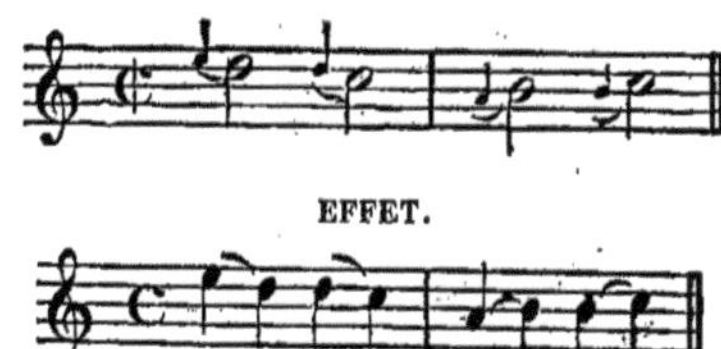

EFFET.

Souvent l'appogiature est double, c'est-à-dire désignée par deux petites notes qu'on appelle alors *notes d'agrément*, comme dans cet exemple :

L'appogiature enfin se rencontre parfois sous la forme d'une petite note barrée, elle prend alors le nom de *note brisée*, sa durée comme dans l'exemple précédent est excessivement brève.

Le port de voix que les Italiens appellent *portamento* diffère de l'appogiature en ce qu'il se fait toujours à un intervalle plus éloigné que le demi-ton supérieur ou inférieur.

D. Qu'est-ce que le *grupetto?*

R. C'est un groupe formé de l'adjonction d'une note supérieure et inférieure à la note principale. Le grupetto doit toujours être lié et s'exécute dans le mouvement de la mesure à laquelle il appartient. Il s'indique au moyen de petites notes qui, comme celles de l'appogiature, ne comptent pas dans la mesure. Pour l'exécution, sa valeur se prend sur la note qui le suit ou le précède.

Voici son indication abréviative

EXEMPLE :

EFFET.

GRUPETTO INFÉRIEUR ÉCRIT EN NOTES RÉELLES.

D. Qu'est-ce que le *trille?*

R. C'est un battement alternatif et régulier d'une note principale avec une note auxiliaire supérieure à distance d'un ton ou deux demi-tons dans un mouvement accéléré; on l'indique ainsi *tr*. S'il n'a pour durée qu'un simple battement, on le désigne sous le nom de *mordant*; quand, au contraire, cette durée se prolonge, on l'indique par une petite chaîne tremblée *tr*. Dans une mélodie construite avec les éléments d'une gamme majeure le trille doit se faire d'un ton sur les 1er, 2e, 4e, 5e, 6e et 8e degrés, et d'un demi-ton sur les 3e et 7e. Dans la gamme mineure il sera d'un ton sur les 1er, 3e. 4e, 5e, 6e et 8e degrés, et d'un demi-ton sur les 7e et 8e; dans l'ordre ascendant et dans la période descendante, d'un ton sur les 8e, 7e, 6e, 4e, 3e et 1er, et d'un demi-ton sur les 5e et 2e degrés.

On peut employer le trille avec ou sans préparation. Dans le premier cas cette préparation a lieu au moyen de petites notes inférieures et quelquefois supérieures souvent désignées, mais parfois omises dans la notation.

Quant à l'exécution, on doit la commencer lentement sur sa préparation, puis augmenter progressivement de vitesse et en la soutenant jusqu'à la terminaison appelée *couronnement*, terminaison qui doit toujours s'effectuer par deux notes inférieures.

Dans certains cas la terminaison du trille a lieu au moyen de trois petites notes, au lieu de deux, comme dans l'exemple suivant :

EXEMPLE DU MORDANT :

EFFET.

On emploie souvent à tort le mot cadence pour désigner le
rille.

D. Qu'appelle-t-on *arpége?*

R. La suite régulière de tous les sons composant un accord, entendus successivement au lieu de l'être simultanément. L'arpége, appelée en italien *acciacatura*, s'écrit en notes réelles ou s'indique par ce signe abréviatif § placé devant l'accord, qui devient ainsi brisé.

EXEMPLE :

ARPÉGES EN NOTES RÉELLES.

NOTATION ABRÉVIATIVE.

Les arpéges s'emploient avec succès sur la harpe et le piano. On rencontre souvent, pour les instruments à cordes, une sorte d'arpéges désignée sous le nom de *batterie*.

EXEMPLE :

D. Qu'est-ce qu'une *fioriture?*

R. C'est un ornement mélodique composé de traits indiqués par des petites notes ne comptant jamais dans la mesure et s'exécutant, par cela même, à la volonté du *soliste*.

Les fioritures se placent souvent sur un point d'orgue.

EXEMPLE :

D. Par où doit-on commencer l'étude de la musique ?

R. Par deux exercices, qui sont le complément ̶pratique d'une grammaire musicale : la *lecture rhythmique* et la *solmisation*, constituant l'intonation de tous les intervalles musicaux.

D. Qu'est-ce que la *lecture rhythmique?*

R. C'est l'énonciation parlée des sons ou silences contenus dans une mesure, auxquels on donne leurs différentes durées relatives, d'après la valeur des notes ou des signes qui les représentent.

D. Qu'est-ce que la *solmisation?*

R. La solmisation (ou action de solfier) est l'énonciation vocale de ces mêmes sons, non-seulement avec leurs différentes durées, mais de plus avec l'intonation qui leur est propre, d'après le degré d'élévation ou d'abaissement des notes qui les représentent. C'est, à proprement parler, la lecture musicale.

La *vocalisation*, ou action de vocaliser, qui est le travail intermédiaire entre la solmisation et le chant, consiste, comme la solmisation, dans l'énonciation vocale des sons avec leur durée et l'intonation qui leur est propre; mais elle en diffère en ce que, au lieu de nommer les notes, on emploie la voyelle A, comme étant plus favorable à l'émission de la voix.

FIN.

CATALOGUE

DES

ŒUVRES DE M. LAIR DE BEAUVAIS

Publiées à Paris.

MUSIQUE SACRÉE.

Chez **M. Simon RICHAULT**, Éditeur de Musique, 28, boulevart Poissonnière, au 1er.

Salve Regina, motet pour soprano ou ténor, dédié à l'Immaculée Conception de la Très-Sainte Vierge, avec accompagnement d'orchestre ou d'orgue.

1re *Messe solennelle* à trois voix d'hommes, avec accompagnement d'orchestre ou d'orgue, dédiée à Sa Majesté Léopold Ier, Roi des Belges.
    Cette Messe a été exécutée en l'église Saint-Eustache, à Paris.

Salut solennel au Très-Saint Sacrement, comprenant un *Tantum ergo* et un *Sub tuum præsidium,* pour trois voix d'hommes, avec accompagnement d'orgue, dédié à Sa Majesté Marie-Christine, Reine-Mère d'Espagne.

Domine salvum fac imperatorem, trio et chœur pour trois voix d'hommes, avec accompagnement d'orgue, dédié à M. l'abbé Prével.

Le même, arrangé avec accompagnement de musique militaire par M. Léon Chic, Chef de Musique des Equipages de la flotte.

O Salutaris, solo de basse, avec accompagnement d'orgue, dédié à M. Besnard.

O Salutaris hostia sacra (pro defunctis), solo de ténor, avec accompagnement de violoncelle et orgue, dédié à la mémoire de M. Wilfrid Léonard de Juvigny.

Tantum ergo, motet au Très-Saint Sacrement, dédié à MM. les Membres du Chapitre de l'église cathédrale de Bayeux (chœur, duo et trio), avec accompagnement d'orgue.

Regina cœli, antienne à la Sainte Vierge (solo de soprano), avec accompagnement d'orgue, dédié à Mlle Cluesman.

Inviolata, solo de soprano, avec accompagnement d'orgue, dédié à Mlle Dobré.

Le Prophète Elie, grande scène biblique à trois personnages, dédié à Sa Majesté Othon, Roi de Grèce.

Les Litanies de la Sainte Vierge, mélodie religieuse pour soprano, avec accompagnement de harpe et orgue, dédiées à Mme Le Cieux. (Paroles de M. le marquis d'Escodéca de Boisse.)

Ephraïm, cantate biblique pour voix de basse, avec accompagnement de piano, dédié à M. Jules Le Fort. (Paroles de M. le marquis d'Escodéca de Boisse.)

2e *Messe solennelle* à cinq voix (2 soprani, 2 ténors et 1 basse), avec accompagnement d'orchestre ou d'orgue, dédiée à la Société Philharmonique du Calvados.

Cette Messe a été exécutée en l'église Saint-Roch, à Paris.

3e *Messe* (sans accompagnement, selon l'usage des Basiliques romaines), dédiée à Son Eminence Monseigneur Morlot, Cardinal, Archevêque de Paris, grand Aumônier de France.

4e *Messe* (pour soprano, ténor et basse) avec accompagnement d'orgue, dédiée à Son Altesse Royale Monseigneur le duc de Brabant.

5e *Messe solennelle*, pour trois voix d'hommes, avec accompagnement d'orgue, dédiée à Monseigneur Didiot, Evêque de Bayeux et de Lisieux.

1er *Te Deum solennel*, pour trois voix d'hommes, avec accompagnement d'orgue (soli et chœurs), dédié à Sa Majesté Napoléon III, Empereur des Français.

2e *Te Deum solennel*, à grand orchestre, dédié à Sa Majesté Catholique Isabelle II, Reine d'Espagne.

3e *Te Deum* (alla breve), sans accompagnement, dédié à M. l'abbé Capard, Maître de Chapelle de l'église cathédrale de Bayeux.

Miserere, psaume, à trois voix, sans accompagnement, dédié à Son Eminence Monseigneur Wisseman, Cardinal, Archevêque de Wesminster.

Magnificat, à trois voix, avec accompagnement d'orgue, dédié à M. l'abbé Michel.

Le Testament divin, mélodie religieuse pour ténor, dédié à M. Roger, de l'Académie Impériale de Musique. (Paroles de M. J. Launay.)

Gloire du Monde, mélodie religieuse pour ténor, dédiée à M. F. Delsarte. (Paroles de M. le comte Emmanuel de Pujol.)

Etoile du Berger, mélodie religieuse pour soprano, dédiée à Mme Bernadac. (Paroles de M. Edouard Plouvier.)

Notre Eglise, mélodie religieuse pour ténor ou soprano, dédiée à Mlle Louise Sari de Saint-Georges. (Paroles de M. Guérin de Litteau.)

Chez M. SCHONENBERGER, 26, Boulevart Poissonnière.

Ave Verum, motet au Très-Saint Sacrement pour trois voix d'hommes, avec accompagnement d'orgue, dédié à Sa Sainteté Pie IX.

O Salutaris, solo de ténor, avec accompagnement d'orgue, dédié à M. le chevalier Angelini.

La Journée sainte, recueil de cantiques à trois voix, avec accompagnement d'orgue, dédiée à Son Eminence Monseigneur Donnet, Cardinal, Archevêque de Bordeaux. (Paroles de M. Edouard Plouvier.)

MUSIQUE DRAMATIQUE ET LÉGÈRE.

Une Etoile dans les Cieux, grande scène dramatique pour mezzo-soprano, avec accompagnement de piano, dédiée à Mme Meillet, du Théâtre-Lyrique. (Paroles de M. Edouard Plouvier.)

Le Premier Concert, grande scène lyrique pour soprano, avec accompagnement de piano, dédié à Mlle Dobré. (Paroles de M. le marquis d'Escodéca de Boisse.)

Les Captives, duettino pour deux voix de femmes.

Tragalina, chansonnette.

Je ne suis point jaloux, chansonnette.

Le Bal au village, chansonnette.

Un Bouquet de trois fleurs, chansonnette.

J'aime mieux chanter, chansonnette.

La Guérite, chansonnette.

La Reine du Coteau, chansonnette avec accompagnement de hautbois.

Une Promenade en mer, chœur sans accompagnement, pour voix d'hommes.

Hymne à la Terre, chœur sans accompagnement, pour voix d'hommes.

Une Halte de Bohémiens, chœur avec accompagnement d'orchestre.

Les Charbonniers de la Forêt-Noire, chœur avec accompagnement d'orchestre.

Plus de mensonge, romance.

Pays natal, romance.

Dieu merci te voilà, romance dramatique.

Notre Comtesse et Magdelaine, cantilène.
Chantez encore, mélodie.
Bergeronnette, chansonnette.
Le Cri de Guerre, romance dramatique.
La Promise, chansonnette.
La Chanson du Sacristain, chansonnette.
Rayon des Cieux, bluette.
L'Oiseau de la Vallée, bluette.
L'Herbagère, chansonnette.
Quand je serai grand'mère, chansonnette.
Bonsoir, nocturne à deux voix.

Chez M. CHAILLOT, Editeur, 552, rue Saint-Honoré.

Avec toi le bonheur, romance dramatique.
Le Pilote, romance dramatique.
N'es-tu pas mon bon ange? mélodie.
Pardon, j'avais tort! bluette.
La Lune de miel, chansonnette.
Fleur d'enfance, cantilène.
Plus je vous vois, plus je vous aime! romance.
Le Steeple-Chase, chansonnette comique.
Le Fabricant de Statuettes, chansonnette comique.
L'Heure des Rêveries, romance.

Chez M. AULAGNIER, 28, rue de Provence.

L'Avalanche, romance dramatique.
L'Heure où l'ange pria, mélodie.
Le Spectacle à bénéfice, chansonnette comique.
Le Tour du Diable, ballade.
La Fiancée, romance dramatique.
Alice, cantilène.

Chez M. SAINT-HILAIRE, 11, Faubourg Poissonnière.

Les Reproches, chansonnette.
M'attend-elle encor? romance.

Chez Mme LAUNER (M. GIROD, Successeur), boulevart Poissonnière.

Si j'étais abusée? romance.
Soulage ma douleur, mélodie.

Le Larmoyeur, mélodie pour baryton.

La Meilleure Opinion, chansonnette comique.

MUSIQUE DE DANSE.

Les Fugitives, quadrille pour piano.
Le Roi du Bal, quadrille concertant pour piano et violon.

La Rose de Bohême, polka pour piano à deux ou quatre mains.

Hélène, valse pour piano.

La Scovena, polka-mazurka pour violon, avec accompagnement
de piano.

Pour paraître prochainement.

MUSIQUE RELIGIEUSE.

O Salutaris, pour mezzo-soprano.
Notre-Dame de Bon-Secours, cantique à trois voix de femmes.
6e *Messe,* à trois voix d'hommes, avec accompagnement d'orgue,
dédiée à Monseigneur Testard du Cosquer.
7e *Messe* dédiée à M. Courtois, Directeur de l'Institution Saint-
Georges, de Brest.

ROMANCES.

Le Bluet, cantilène. (Paroles de M. E. Martin.)
La Goutte de rosée, mélodie. (Paroles de M. d'Escodéca de Boisse.)
Prince et Coquette, boléro, du même.
Les Rides du malheur. (Paroles de M. Crevel.)
Pardon si je vous gronde, bluette. (Paroles de M. Guérin de
    Littau.)
La Poésie du Gourmet, chanson de table. (Paroles de M. Crével.)
La Morale.... en musique, chansonnette. (Paroles de M. Crével.)
Mon cœur et toi, cantilène. (Paroles de M. Lincelles.)

MUSIQUE DE DANSE.

Les Veillées Normandes, quadrille à grand orchestre.
La Tour de Londres, quadrille à grand orchestre.
Le Puits d'Enfer, quadrille à grand orchestre.
Les Talons rouges, polka à orchestre.

BREST. — IMP. DE J. B. LEFOURNIER AÎNÉ.

BREST. — IMP. J. B. LEFOURNIER AÎNÉ.